AF502154

BÉCHAMP

ÉTUDES ET SOUVENIRS

PAR FR. GUERMONPREZ

I

PARIS
AMÉDÉE LEGRAND, LIBRAIRE-ÉDITEUR
93, Boulevard Saint-Germain (VIe)
1927

L'homme

Sur la route de Metz à Strasbourg, la première station importante, à 45 kilomètres, est Morhange. C'est le nom de la grande bataille (1) qui s'est étendue

---

(1) Morhange est une petite ville ancienne, bâtie sur l'emplacement d'une villa romaine. Elle compte actuellement, presque 7 000 habitants.

Dès le 8 août 1914, la Ire armée française, commandée par le général Dubail, la IIe armée, du général de Castelnau, et le XXe corps, commandé par le général Foch, portent l'offensive en Lorraine et avançent dans la direction de Sarrebourg et Sarrebrück... Les Allemands gardent le souvenir de leur inquiétude : ils disent bataille de Sarrebourg, tandis qu'en France on dit Morhange ; et on voit la sincérité française dans toute la région.

Culbutant l'ennemi à Arracourt, à Moncourt, à Vic-sur-Seille, nous occupons, le 17, Château-Salins et la ligne Lorguin-Azoudange-Marsal. Le lendemain, toute la région des étangs lorrains jusqu'à l'ouest de Fénétrange est en notre possession le 19 au matin, nos soldats entrent dans Dieuze, où ils sont reçus avec enthousiasme. Dieuze est le chef-lieu du canton, dont Bassing fait partie. — Après avoir franchi la Seille, nous atteignons, en fin de journée, les abords de Delme et de Morhange. Mais là, nous nous heurtons à la position défensive, soigneusement étudiée dès le temps de paix, où l'ennemi attendait l'attaque française. La VIe armée allemande, sous le commandement du prince Ruprecht de Bavière, était établie sur

sur de nombreux villages du 20 au 23 août 1914. L'un de ceux où la lutte devint définitive est Bassing, naguère ignoré, mais désormais célèbre, puisque c'est là qu'est né A. Béchamp, le 15 octobre 1816.

L'acte de baptême porte le numéro 96 : — « Le quinzième jour d'octobre de l'an mil huit cent seize, à sept heures du matin, Jean Pierre Jacques Antoine, fils de Jacques Béchamp, meunier à Bassing, a été baptisé le même jour ; a eu pour parrain Jean Pierre Béchamp, fils du dénommé, et pour marraine, Catherine Anthoine, fille de Christophe Anthoine, propriétaire à Bassing, lesquels parrain et marraine ont attesté l'heure de la naissance de l'enfant, l'état de ses parents et ont signé avec nous. Le père était

---

les collines entre la Sarre et la Seille, ainsi que la droite de la VIIe armée du général von Herringen.

La bataille de Morhange-Sarrebourg s'engage le 20. Les troupes du XXe corps attaquent vers Morhange avec succès; mais l'échec de sa droite oblige le général de Castelnau à reporter sa ligne de 10 à 15 kilomètres en arrière. De son côté, l'armée Dubail, qui avait assez péniblement débouché en avant de Sarrebourg, est obligée d'évacuer la ville. — Après cette rude journée du 20 août 1914, la IIe armée se retire en bon ordre sur les fortes positions du Grand Couronné de Nancy, qu'elle achève d'organiser entre la Meurthe et la Moselle. — De son côté, défendant successivement les lignes de la Meurthe et de la Mortagne, la Ire armée, dès le 23 août, est en état de reprendre l'offensive. Le 24, elle barre aux Allemands la trouée de Charmes. Victorieuse, elle les ramène vers la frontière... 4 000 Français dorment leur dernier sommeil dans cette terre glorieuse.

C'est dans l'un des cimetières, qu'on voit encore les restes d'un calvaire : debout, intact, les bras au ciel, le Christ demeure, tandis que la croix seule a été abattue par les projectiles.

absent (*signé*) : Jean Pierre ; Anne Anthoine ; Jeanjean », qui fut curé de la paroisse pendant trente ans. Le nom de la mère est oublié.

On le connaît par l'acte de l'état civil de la même date, 15 octobre 1816, et aussi par les deux actes du mariage, 9 janvier 1816. La mère d'A. Béchamp est Marie Catherine Anthoine, fille majeure de Jean Christophe Anthoine, propriétaire et maire de la commune de Bassing et de défunte Catherine Lallement : elle avait trente-cinq ans lorsqu'elle s'est mariée.

Le père, Jacques Béchamp, avait quarante et un ou quarante-deux ans ; il était veuf d'Anna Schauler. Le moulin qu'il conduisait était alors sa propriété ; mais ce meunier paraît avoir été peu instruit, puisqu'il ne savait pas signer son nom ; il n'écrivait que ses initiales J. B. ; mais il les traçait avec un soin, qu'il est facile de reconnaître dans tous les actes, auxquels il a participé à côté de Marie Catherine Anthoine, dont l'écriture est calligraphiée. Par l'acte d'état civil, on apprend que Jean Christophe Anthoine, aïeul maternel du nouveau-né, était âgé de soixante-deux ans. C'est par un autre acte (mariage, 1821), qu'on est renseigné sur le parrain et la marraine. Jean Pierre était le demi-frère d'A. Béchamp, puisqu'il était du premier lit. Anne-Marie Anthoine était tante maternelle du nouveau-né. C'est de ce mariage, du 13 août 1821, que sont nés 11 enfants, dont un seul survit, M. Maximin Béchamp, qui habite Bassing en 1926.

En 1816, deux moulins fonctionnaient à la fois dans le pays. L'un est au centre du village ; c'est le moulin de Bassing ; on y voit encore la date de 1775 ; car la construction est conservée, tandis que les pierres meulières et la roue à auges sont délaissées, depuis que la grande industrie de la minoterie a supplanté les procédés plus modestes, qui s'étaient peu modifiés depuis l'antiquité. L'autre est à quelque distance du centre : c'est le moulin des Prés. Il porte les lettres A. R. D. 1632. Le cours d'eau est le même pour alimenter les deux moulins ; et cette œuvre des moines a encore rendu d'importants services pour l'alimentation de la population lorraine pendant les vexations de la grande guerre et à travers les difficultés de l'après-guerre. Les campagnards avaient du blé, mais toutes les minoteries étaient accaparées pour l'ennemi, tandis que les moulins de Bassing tournaient à vide. L'initiative des uns et la prudence des autres a permis d'échapper à la tyrannie des réquisitions de l'ennemi pour alimenter une population obstinément fidèle à la France catholique.

La tourmente révolutionnaire n'a pas détruit le monastère des Minimes, qui était depuis 1635 à Bassing, soumis à la règle de saint François-de-Paule. La communauté comptait douze ou quinze moines, dont les uns desservaient la paroisse, qui est dédiée à saint Maurice, tandis que d'autres donnaient l'instruction ou faisaient le service intérieur du couvent (1).

(1) L'ordre des Minimes a été fondé en 1435 par saint François-de-Paule (1416-1507). En d'autres temps, il a compté jusque 14 000 religieux. Il n'en reste plus en France. Actuellement, à cause des révolutions et des austérités (maigre strict toute l'année), l'ordre ne compte plus que 500 religieux répartis en 9 provinces, dans 21 couvents en Italie, 1 en Espagne.

Cependant, le monastère est éloigné de la route de Bénestroff à Dieuze, aussi bien que de celle de Bénestroff à Sarrebourg. Les fameux étangs lorrains sont proches ; mais les ruisseaux sont grêles pendant une grande partie de l'année ; et ils serpentent en sinuosités nombreuses, qui fertilisent la campagne très vallonnée (1). Pour amener l'eau aux deux moulins par eux construits, ou reconstruits, les moines ont entrepris de véritables travaux de terrassement que d'autres n'auraient pas pu entreprendre, faute de personnel et surtout à cause de la longue durée de l'entreprise : ils ont détourné le ruisseau, construit un barrage et édifié un bief ou biez pour amener l'eau sur la roue du moulin de Bassing. D'autres travaux, non moins importants, ont dirigé la même eau vers le moulin des Prés, qui est en aval, et ils y ont ajouté un affluent par un autre travail de dérivation. Au XIXe siècle, les deux moulins étaient entre les mains des Béchamp. Celui de Bassing appartenait au père du professeur ; celui des Prés (2), à Jean Pierre, qui

---

(1) Bassing est un petit village du canton de Dieuze, à 10 kilomètres N.-E.

En 1816, jusqu'en 1871, il appartenait au département de la Meurthe. Il a été ensuite englobé dans la Lorraine. Il fait actuellement partie du département de la Moselle ; arrondissement de Château-Salins. Le recensement de 1900 y a relevé 211 habitants ; celui de 1921, 164 habitants.

Le village est exclusivement agricole. Il est peu boisé et comprend quelques belles prairies ; mais on y fait surtout la grande culture au moyen des machines agricoles.

(2) Le moulin des Prés se trouve sur la commune de Donnour, contiguë à celle de Bassing.

C'est là qu'est né Jacques Béchamp. Quand celui-ci est

était son fils et qui, par son mariage, était devenu son beau-frère.

Le village n'est guère changé depuis cette époque lointaine. Au tournant de la route, on rencontre souvent la croix du chemin, en bois, en fer, en fonte, ou en pierre. L'une de ces croix est soigneusement ouvragée. Sans recherche, tout est en bon ordre dans l'église, et ce détail concorde avec l'exactitude de tous les paroissiens à remplir leurs devoirs religieux. L'usage est conservé, pour les chants qui, selon la tradition, alternent du côté droit au côté gauche de la nef ; et, pour soutenir l'ensemble, l'un des neveux du professeur Béchamp est parmi les voix puissantes qui maintiennent l'harmonie dans le rythme et la mesure. On comprend mieux cette forme de zèle et de bon goût, quand on entend raconter dans le pays quelles précautions prenait la mère du professeur lorsqu'il lui fallait quitter ses enfants pour vaquer à d'autres obligations, tandis que le père conduisait le travail de son moulin qui est à quelque distance. Dans sa sollicitude maternelle, elle les aspergeait d'eau bénite, traçait le signe de la croix, puis fermait la porte, laissant les siens sous la garde de Dieu... Et on ajoute, qu'à son retour, elle a toujours retrouvé sa maisonnée en bon ordre. Il ne lui est jamais rien arrivé de fâcheux.

Le canton de Dieuze (1) est d'ailleurs bien dans le

---

devenu propriétaire du moulin de Bassing, il a eu son habitation à proximité : c'est là qu'est né le professeur A. Béchamp.

(1) Dieuze est une petite ville de 3 160 habitants sur la ligne du réseau d'Alsace et Lorraine, qui va de Nouvel-Avricourt à Bénestroff. Dieuze est à 22 kilomètres de Nouvel-

ton lorrain ; et on en voit la preuve avant même d'entrer à l'église de Bassing. La première tombe, à droite, est celle du curé Jeanjean, qui a baptisé A. Béchamp. La seconde est celle de son successeur, qui fut victime de l'invasion de 1870. Le souvenir en est conservé par une inscription, qui est comme une élégie patriotique (1).

On est donc catholique et Français, dans ce pays de Bassing ; et, si on n'y rencontre presque personne, il faut en comprendre le motif : tout le monde travaille ; personne n'a le temps de se promener. Ces trois caractères, puisés dans la terre natale, marquent leur empreinte dans toute la carrière d'A. Béchamp par une foi sincère, par un patriotisme ardent et par un travail aussi consciencieux qu'opiniâtre.

Il était assez jeune lorsqu'il a quitté Bassing ; mais il était déjà sympathique. Un oncle, qui s'était enrichi à l'étranger (en Valachie, dit-on), lui vint en aide, tandis que ses parents n'avaient pas les ressources nécessaires pour lui procurer l'instruction ; et il partit pour Strasbourg avec les modestes sub-

---

Avricourt, où se trouvait la douane allemande jusqu'au 11 novembre 1918.

Il n'y a pas de route directe de Dieuze à Bassing. A vol d'oiseau, la distance est de 8 kilomètres.

De la gare de Gebling, la route est bonne, presque directe et d'environ 5 kilomètres.

(1) Pierre-Paul Girard, — curé de Bassing. — Il nous édifia pendant 31 ans — par ses vertus sacerdotales. — Le Seigneur l'appela pour lui donner la couronne — des bons pasteurs, — à l'âge de 69 ans — le 10 décembre 1870 — année si désastreuse — pour la France — et dont les malheurs furent — la cause de sa mort. — R. I. P.

sides qui suffisaient en ce temps-là. Il débuta chez un pharmacien pour y tenir un emploi très modeste ; mais il n'y a pas de condition assez obscure pour que le vrai mérite ne vienne à la lumière au temps marqué par la Providence.

C'est donc par le travail et comme pharmacien, que Béchamp entre dans la carrière, après avoir acquis le titre de bachelier ès-sciences-mathématiques. La pharmacie, qu'il a fondée à Strasbourg, porte encore son nom. Dès son début, il se montre esprit tenace, travailleur énergique. Par l'exactitude professionnelle, il discipline ce qu'il fait. Par l'étude personnelle des sciences physiques, chimiques et naturelles, il s'élève au-dessus du rang de « maître en pharmacie » premier échelon d'une marche ascensionnelle, où il est poussé, non par la vanité des titres ou des profits, mais par l'avide recherche des vérités scientifiques qui sont à la portée de ses investigations. Cet autodidacte ne brigue ni les prix des Académies, ni les places que d'autres ambitionnent. Quand on le voit poursuivre la conquête de ses grades universitaires, c'est que là est le seul moyen de pénétrer, à cette époque, dans des laboratoires mieux pourvus que l'officine pharmaceutique. A ce titre, il est préparateur de chimie à la Faculté des sciences de Strasbourg ; et il s'acquitte de sa fonction avec un zèle et une activité, qui le transforment en un collaborateur attentif et assidu du professeur.

A trente-quatre ans, il était pharmacien depuis moins de dix ans, lorsqu'il prend part au concours de 1851 pour l'agrégation à l'École supérieure de pharmacie de Strasbourg ; sa thèse a pour sujet :

« De l'air atmosphérique considéré sous le point de vue de la physique, de la chimie et de la toxicologie ». Puisque le sujet est imposé par le jury, il n'y a pas lieu d'y chercher les idées personnelles du candidat. Ce qui peut paraître banal est le fruit laborieux de tout ce qui a été publié sur la question. C'est la mise au point d'un problème étendu et important. On y trouve la méthode, la netteté et la précision d'un esprit qui a débuté par la science mathématique. Il semble que les professeurs de l'école n'étaient pas en nombre suffisant pour que le jury du concours fût au complet. L. Pasteur y est inscrit comme juge suppléant ; car il était à Strasbourg comme professeur titulaire de chimie à la Faculté des sciences ; et il y est resté jusqu'à ce qu'il vînt à Lille, en 1854, comme professeur de chimie et doyen de la nouvelle Faculté (1). Il y eut cependant une interruption. Au cours de ses études sur la dyssymétrie moléculaire (cristaux de tartrate et de paratartrate de soude et d'ammoniaque), Pasteur entreprit des recherches sur l'acide tartrique racémique ; et il obtint une mission officielle, qui voulait en découvrir l'origine dans la nature et dans l'industrie chimique, à Leipzig, à Freiberg, à Dresde, à Vienne, à Prague. Pendant cette absence (1852), il fut suppléé par A. Béchamp (2).

(1) Au dire de M. le Dr H. Grasset, un normalien pouvait avoir quelque dédain pour un simple pharmacien (*L'Œuvre de Béchamp*, Paris, 1913, p. 7). Cependant, c'est en 1847, que Pasteur avait soutenu sa thèse de doctorat ès-sciences ; et ce n'est qu'en 1849, qu'il avait débuté comme professeur suppléant à la Faculté des sciences de Strasbourg.

(2) M. H. Grasset fait remarquer que Béchamp était plus

Et, « dans la première partie de sa carrière, Béchamp professa pour Pasteur le respect dû à un savant original et incontesté en chimie ».

C'est de 1853 que datent les deux thèses d'A. Béchamp pour le doctorat ès-sciences : Recherches sur la pyroxyline (coton-poudre); De l'action chimique de la lumière. Ce sont des documents, qui qualifient le chimiste de large envergure, capable de s'élever aux idées générales. Et c'est tout l'ensemble, que M. le Dr H. Grasset veut résumer. Il essaya de faire comprendre, une année après la mort de Béchamp, tout ce que ses contemporains ont méconnu. « Vous y verrez, écrivit-il (1), qu'il y a un terrain, où vitalistes et parasitaires peuvent effectuer leur symbiose. »

Cette considération n'est jamais entrée en ligne de compte dans l'esprit de Béchamp.

Il s'est inspiré de sa mère, à la façon des fils les mieux doués et, par là, il a été un catholique inébranlable. Il a imité son père, qui a montré à Bassing ce que peut un travail assidu, persévérant et toujours en bon ordre. Il a été le Lorrain complet, attaché à la France par toutes les fibres de son cœur

---

âgé que Pasteur : celui-ci étant né le 27 décembre 1822, la différence était de six ans.

Il ajoute que Béchamp se faisait seul ; mais il ne dit pas le contraste entre la manière chaleureuse de Béchamp devant les étudiants et l'attitude froide, presque glaciale, de Pasteur, en toute circonstance... Comment ne pas se rappeler l'accueil très différent que les Hébreux firent à Saül et à David, au retour de la bataille?

(1) *Un savant méconnu: A. Béchamp*, par M. le Dr H. Grasset (extrait de l'*Opinion médicale*, Paris, imprimerie A. Quelquejeu, 10, rue Gerbert, 1899, p. 5-6).

autant qu'à la foi profonde et sincère de ses aïeux.

Il a poursuivi la recherche de la vérité avec une volonté tenace et un désintéressement exemplaire. Dieu l'en a récompensé, en lui donnant la joie de voir ce qu'il y a de vrai dans son grand travail technique.

L'idée

L'idée de Béchamp est, à la fois haute et large. Elle s'étend à la nature entière ; elle s'efforce de faire la discrimination entre ce qui est vivant et ce qui est matière brute.

La lumière n'existait pas encore, lorsque « Dieu dit : Que la terre produise de l'herbe verte qui porte de la graine, et des arbres fruitiers qui portent du fruit, chacun selon son espèce, et qui renferment leur semence en eux-mêmes sur la terre. Et cela se fit ainsi » (*Genèse* I, 11). Béchamp le savait ; et il connaissait aussi toute la liberté que Dieu laisse aux investigations des hommes ; mais il ignorait les épreuves et les joies, qui sont réservées aux travaux méritoires de ceux qui cherchent la vérité pour elle-même.

Il a connu l'impression forte et quelquefois troublante de celui qui, dans sa recherche, se trouve en présence d'une vérité jusque-là ignorée. L'émotion est inévitable ; mais, pour Béchamp, elle était immédiatement suivie d'un effort, qui le conduisait à la certitude.

Quand la certitude était acquise, ce lui était une joie de faire connaître la vérité nouvelle. Ce n'est pas qu'il trouvât une vanité ostentatoire; sa manière était simple et discrète ; il sentait que toute vérité est « *un bien* », et ce lui était une satisfaction de faire partager ce bien à d'autres, et même à tous, si c'était possible ; car Béchamp était bon, profondément bon. Il lui a été certainement très pénible de se trouver en contradiction avec Pasteur ; mais le caractère de chacun contribuait à augmenter la difficulté : car celui-ci (1) « n'admettait pas qu'on pût le contredire » ; tandis que Béchamp ne repoussait jamais la controverse : il se montrait précis et intarissable dans ses arguments. La cause profonde des contrastes était dans la préparation scientifique lointaine de chacun d'eux. Pasteur était chimiste, physicien, minéralogiste, cristallographe, mais il

(1) Il y aurait quelque injustice à ne pas tenir compte du contexte de la conférence prononcée à l'occasion du centenaire de Pasteur :

« En réalité, la gloire de Pasteur reste entière et inviolée, car, s'il eut des précurseurs dans le domaine de l'imagination, il n'en eut jamais dans le domaine expérimental. L'œuvre pastorienne n'est pas le fruit inattendu et phénoménal d'une imagination de génie : elle était contenue en germe dans les raisonnements du XVIIe siècle ; et c'est Desault, Hameau, Bretonneau, puis Trousseau qui, dans le domaine clinique, ouvrent la voie aux doctrines microbiennes en établissant la notion de la spécificité des maladies. Pasteur donna une conclusion logique à ces tendances, en créant une science nouvelle, grâce à une technique impeccable.

« Cet ordre dans le raisonnement, cette rigueur dans la méthode donnaient à Pasteur la certitude la plus absolue dans la valeur des résultats acquis, et de ce doux, de ce timide, la foi faisait un partisan déchaîné dans la discussion. En possession de la vérité, il n'admettait pas qu'on la pût contredire. » (Dr Pierre Mauriac, *Aux confins de la médecine;* Paris, 1926, p. 121).

était étranger aux sciences naturelles (1). Béchamp n'était pas seulement chimiste et physicien, mais, depuis ses débuts, naturaliste curieux de toute la biologie.

Pour avoir une bonne idée des questions de priorité, qui sont controversées, ce n'est pas dans les travaux de Pasteur, Duclaux ou leurs élèves qu'il faut étudier, mais dans les comptes rendus impartiaux des différentes Sociétés savantes et surtout dans ceux de l'Académie des Sciences de l'Institut de France, qui donnent un enregistrement pur.

Dès ses débuts, de 1851 à 1853, Béchamp s'est révélé comme chimiste éminent dans ses thèses pour le doctorat ès-sciences.

En 1856, dans sa thèse pour le doctorat en médecine devant la Faculté de Strasbourg, il se montre supérieur en étudiant les substances albuminoïdes,

---

(1) « Sur la fin de sa vie, quand les controverses étaient à leur comble touchant la valeur du traitement antirabique, Pasteur était abreuvé de lettres anonymes. Meurtri et étonné, il disait à ses enfants : « Je ne me croyais pas tant d'ennemis. »

« Car, si son génie bienfaisant s'attira la reconnaissance de l'humanité, son caractère entier lui valut de vraies inimitiés. Partout où ses études le portaient, il entrait de plain-pied, nouveau venu, bousculant tout sur son passage, guidé seulement par son imagination, par les déductions qu'il tirait de ses expériences. Dans chaque domaine, il allait droit au trésor caché et le mettait à jour aux yeux des spécialistes qui, des siècles durant, n'avaient pas su voir, et souffraient malaisément qu'un intrus pût leur en remontrer.

« Dans ses souvenirs entomologiques, Fabre nous a conté l'ignorance totale et la naïveté de Pasteur touchant les vers à soie ; mais, en quelques semaines, il sauva de la décadence la sériciculture (Dr Pierre Mauriac, *loc. cit.*, 1926, p. 121-122).

alors si peu connues, et en prouvant leur transformation en urée par des processus d'oxydation, etc. Ce sont des faits qui ont été confirmés depuis.

En 1857, il fut nommé professeur de chimie médicale et de toxicologie à la Faculté de médecine de Montpellier, qui était célèbre alors, mais qui, depuis, est tombée en décadence pour n'avoir pas su conserver son autonomie et son originalité.

Plus tard, en 1876, il abandonna l'enseignement officiel pour s'adonner à l'enseignement libre à la Faculté catholique de Lille, ce qui lui fut, paraît-il, une nouvelle source de déboires.

Dans les derniers temps, il travailla au laboratoire de chimie de Friedel, qui s'est grandement honoré èn accueillant un savant honni de tous.

Béchamp a eu de nombreux élèves, convaincus, dévoués, mais qui, malheureusement, n'ont pas eu le courage de combattre pour la bonne cause.

Le coup le plus cruel pour lui fut la perte de son collaborateur le plus distingué, son fils, Joseph Béchamp, mort de bonne heure, avec un bon bagage scientifique. Ce simple mot de M. le Dr Hector Grasset ne laisse pas connaître les difficultés des circonstances et les défectuosités de plusieurs personnalités, qui ont entravé une carrière professorale pleine de promesses.

Dès son arrivée à la Faculté de Montpellier, Béchamp inaugure (1), un enseignement, qui n'existait nulle part. Au lieu de faire de la chimie pure, comme

(1) *L'Œuvre de Béchamp*, Paris 1913, p. 11, 16, 17. Le sujet de sa leçon d'ouverture est un « Essai sur les progrès de la chimie organique depuis Lavoisier ».

on faisait à l'époque (1857) dans toutes les Facultés de médecine, il fait de la chimie organique. Plus exactement, il enseigne la chimie physiologique, alors encore en enfance.

Grâce à ses idées sur la fermentation, il entrevoit nettement la route à suivre à cet égard.

Placé dans un milieu de vignobles, ayant toujours en vue cette notion que la science doit être utile à l'industrie, tandis que Pasteur, à Lille, s'occupe de la bière, Béchamp s'occupe du vin. Dès 1862, ils sont tous deux dignes disciples de Dumas, qui lançait les recherches chimiques dans les milieux industriels.

Dans sa puissante activité, il subvenait à ce travail, sans se laisser détourner du principal, à savoir son enseignement à la Faculté de médecine.

C'est là surtout que son esprit fertile produisit des résultats précieux et inspira pour la science un zèle qui n'a pas été suffisamment connu.

Combien, parmi les médecins et les pharmaciens, savent que c'est A. Béchamp, qui découvrit l'*atoxyl*, métarsénite d'acétanilide, qui fit, il y a quelques années, presque autant de bruit que le fameux 606 d'Ehrlich (1). C'est cependant l'*atoxyl* qui, actuellement encore, est le seul remède accrédité pour combattre la maladie du sommeil, c'est-à-dire le fléau le plus redoutable, qui entrave la civilisation d'une importante portion de l'Afrique centrale.

Les chimistes compétents savent les nombreux mémoires d'A. Béchamp sur la toxicologie du cuivre,

(1) *Ib.*, p. 2. Contrairement aux mœurs contemporaines, Béchamp n'a jamais fait argent de ses découvertes.

de l'arsenic, de l'antimoine ; les nombreuses analyses chimiques des eaux minérales thermales du midi de la France. C'est la chimie biologique, qui a été le plus fructueusement étudiée par ce chercheur aux idées larges et fécondes. C'est par l'observation exacte et précise des fermentations, qu'il a saisi la réelle valeur des microzymas, l'origine et les caractères des zymases, et l'importance fondamentale des milieux biologiques pour modifier les éléments de la vie.

En 1874, Béchamp est chargé du rapport annuel sur les travaux de la Faculté de médecine de Montpellier. Il met en regard les résultats obtenus et la pénurie des ressources d'une Faculté de province. Avec ses nombreux travaux, outrageusement pillés, les dénis de justice qu'il subissait en qualité de provincial, il ne pouvait manquer de s'élever contre la centralisation à outrance (1).

A l'occasion du recrutement des agrégés des Facultés, on changea le mode de concours jusqu'alors dévolu à chaque Faculté, pour le remplacer par le concours général à Paris. Béchamp s'éleva contre ce fait. « J'ai le respect de l'autorité humaine ; mais je n'en ai pas le culte superstitieux ; et, sachant qu'elle peut faillir, je suis partisan du droit de remontrance, qu'avaient nos ancêtres. Vous me permettrez donc de regretter profondément la mesure (prise) et l'insuccès de nos réclamations (2).

(1) *L'Œuvre de Béchamp* (Pierre Jacques Antoine) par le Dr Hector Grasset, licencié ès-sciences physiques ; 2e édit., revue et augmentée, Paris 1913, p. 59-60.

(2) On remarquera ce franc-parler dans un rapport officiel adressé au ministère de l'Instruction Publique. Partout, il a été aussi sincère et aussi direct.

« Je ne veux pas critiquer, Dieu m'en garde ! et j'admets volontiers que l'intention qui a dicté l'arrêté était bonne et ne prétendait pas blesser un corps respectable, qui a toujours fait son devoir. Je regrette seulement que la tendance vers l'uniformité, — ce vilain masque de l'unité, — soit devenu si grand, que l'on éprouve le besoin de tarir toute vie ailleurs qu'à Paris. Après les leçons de ces derniers temps, trouve-t-on donc qu'il y a de grands avantages à tout centraliser dans la capitale? Je ne veux pas revenir sur les motifs qui ont été invoqués dans les rapports présentés par les Facultés de Montpellier et de Nancy ; mais j'ajoute qu'il n'est pas bon de n'avoir en France qu'un seul foyer. A mes yeux, la cause première du grand développement des études scientifiques, que depuis longtemps on nous signale en Allemagne, tient moins aux encouragements des États et des villes qu'à l'existence de plusieurs centres universitaires complets, richement dotés et autonomes... L'Université n'est pas concentrée dans une capitale ; et les savants y peuvent respirer ailleurs. Les capitales sont la source principale de la faiblesse, de la misère et de la ruine des empires. Au point de vue intellectuel, elles en sont la mort. »

La certitude donne toujours au langage une allure de sincérité, qui est connue de tout le monde et dont l'importance sert de base au témoignage. L'accent de sincérité imprime un caractère plus particulier à l'esprit humain, lorsque la certitude s'exerce dans un milieu d'absolutisme. M. G. Loria s'est efforcé de le faire comprendre, en expliquant la psychologie du mathématicien (1). D'après cet auteur, ceux qui ont l'aptitude mathématique acquièrent une sérénité ascétique, qu'ils doivent « à la contemplation des vérités les plus sublimes ». Qu'un mathématicien tienne pour sublime une vérité, dont il a l'intelligence, on ne le contredit pas. Mais qu'un biologiste goûte dans la même mesure une vérité de biologie, qui peut s'en étonner ? Cette qualité ne s'inscrit-elle pas comme la cause des défauts familiers à ces sortes d'esprits ? se demande un critique (2). Contempler les vérités sublimes, c'est se détacher des attitudes plus humbles, telles qu'elles sont commandées par les réalités pratiques. Les mathématiciens sont aisément munis d'œillères ; en dehors de leur science, ils ne voient rien. Au lieu d'observer, ils raisonnent. Et leur raisonnement déductif se complaît dans les affirmations tranchantes qui ne tolèrent pas la contradiction (3). Le critique du *Journal des praticiens* en a vu de pareils dans le monde médical. Les médecins mathématiciens sont une espèce dangereuse, écrit-il. Ils prétendent soumettre la maladie aux rigueurs d'une thérapeutique, dont les résultats sont exigés par la logique. La logique n'a rien à faire dans l'occurrence. Les réactions vitales obéissent à des rythmes fort mal élucidés. Nous n'avons qu'un moyen de voir clair : enregistrer avec un souci égal l'évolution natu-

(1) G. Loria, Psychologie des mathématiciens (*Scientia*, XVIII, 1924).

(2) *Journal des praticiens* ; 40e année, Paris, 31 juillet 1926.

(3) Cette disposition d'esprit n'est pas exclusive aux mathématiciens. Elle appartient à l'*absolutisme*, toutes les fois que la certitude atteint ce degré.

relle d'une maladie et les semblants de déviation, qu'une action médicamenteuse exerce sur cette marche spontanée de la maladie, quand on la laisse livrée à son propre cours. Trop sûrs d'eux-mêmes, les mathématiciens n'acceptent pas ces règles élémentaires. Ils disent : « cela doit être ainsi » ; et, parce qu'ils le disent, ils s'imaginent que c'est arrivé... Il n'y a qu'à plaindre les pauvres malades traités par de telles méthodes d'esprit, conclut le critique (1).

Béchamp n'a jamais exercé la médecine ; mais, parmi ses découvertes, il a eu la joie de compter l'*atoxyl*, qui est la base du traitement de la maladie du sommeil... La certitude, à laquelle il était parvenu, inspirait l'absolutisme de son langage à l'encontre des opinions plus ou moins mal assises de ses contradicteurs. Le ton bref, convaincu, qu'il savait rendre incisif, contrastait avec la souplesse ondoyante des arrivistes exubérants.

C'est la certitude qui lui donnait l'ardeur communicative dans son enseignement. C'est elle aussi qui soulevait son indignation dans les controverses injustifiées ; c'est elle qui suscitait son défi arrogant opposé à tant de dénégations inspirées par un parti pris évident.

Trop longtemps, on a fait le silence sur ces faits à jamais regrettables, parce que la solution ne se trouve pas dans les querelles, ni dans les tumultes.

M. le Dr Hector Grasset, de Rouen, est le seul, ou à peu près, qui ait pris position en 1909, puis en 1913.

(1) Le critique anonyme reste dans la sage mesure ; car il demeure dans la note impersonnelle.

Les déboires, quand il fallut quitter Lille, retentirent douloureusement dans la famille de Béchamp. Les chagrins activèrent certainement la maladie de son fils Joseph, qui mourut bientôt après de phtisie galopante, enlevant au père, dans ses affections, un défenseur de premier ordre, capable de tenir tête aux savants officiels.

Après avoir secoué la poussière de ses sandales à la porte de l'Université catholique de Lille, Béchamp revint à Paris (1). Il se mit à suivre les séances de l'Académie de médecine et celles de la Société chimique, essayant à chaque instant d'expliquer les faits nouveaux par sa théorie et de revendiquer « la priorité » de ses découvertes. Ce grand chimiste et physiologiste, qui comptera comme une des gloires du siècle, — lorsque la postérité, débarrassée des coteries du jour, envisagera le labeur des ancêtres, — fut non seulement méconnu, mais bafoué et insulté. Les jeunes le trouvaient encombrant avec ses revendications et ses développements qui leur semblaient de l'hébreu ; car personne ne leur avait parlé des microzymas ferments. Les anciens, par haine (2), dans la coulisse, poussaient à l'assaut.

Il était pénible de voir, souvent, à la Société chimique de Paris, des savants laborieux comme Mau-

---

(1) *L'Œuvre de Béchamp* (Pierre Jacques Antoine), par le Dr Hector Grasset, licencié ès-sciences physiques ; 2e édit. revue et augmentée, Paris 1913, p. 84.

(2) La description des intrigues et du parti pris, qu'on peut rencontrer dans les sociétés scientifiques est d'un réalisme déjà connu. Il est rare que les injustices soient poussées aussi loin.

mené et Béchamp traités avec une grossièreté dont on n'a aucune idée (1).

Un grand chimiste de notre époque, probe et honnête, se distingua de ces mécréants : ce fut Friedel, qui offrit à Béchamp une salle dans son laboratoire de la Sorbonne, où il put encore continuer et perfectionner ses travaux malgré son grand âge. Honneur à lui !

Sur ces entrefaites, la conception du microzyma était acceptée par quelques savants ; mais les uns ne la comprenaient pas, les autres la méconnaissaient en partie. D'autres y introduisaient des confusions. On rusait en y substituant d'autres dénominations (2).

Béchamp continuait ses travaux au laboratoire de Friedel à la Sorbonne.

En 1888, il présentait à l'Académie de médecine, une étude sur la constitution chimique et histolo-

---

(1) Dans de pareilles conjonctures, on a besoin de traditions de dignité, de correction. On a besoin de règles, qui soient généralement admises, afin de peser efficacement sur les fantaisies de la volonté individuelle de ceux qui commencent à sortir de la sage mesure... La volonté individuelle, quand elle ne repose plus sur de bonnes raisons, n'a plus que la valeur d'un caprice ; elle introduit le désordre et elle peut mener à la décadence, même à la ruine d'un groupe scientifique. Cela s'est vu.

(2) Quelques-uns ont démarqué le microzyma pour s'attribuer l'idée, qui appartenait à Béchamp.

On trouve les noms de *proteosomes*, *microsomes* (Greenwood) ; *bioblastes* (Beale) ; *plastidules*, *chondres* (Schneider) ; *sphénules* (Kunstler) ; *vacuolides* (R. Dubois) ; *sphéroblastes* (Fauré-Frémiet) ; *chtonoblastes* (Max Munden) ; *plastides* (Armand Gautier) ; *bioblastes* ou *bioplastes* (Altmann) (Dr Hector Grasset, *loc cit.*, 1913, p. 84 et *passim*).

gique des différents laits, étude brillante et féconde, qu'il rassembla en ouvrage à part en 1892 (1). Il prenait part aux discussions sur les albuminuries physiologiques et pathologiques, sur les épanchements pleuraux. Ces travaux sont rassemblés dans le livre *Microzymas et microbes* (2). M. le Dr Hector Grasset ne peut qu'en conseiller la lecture pour y voir avec quelle lucidité d'esprit ce vieillard, alors âgé de soixante-seize ans, savait aborder les problèmes pathologiques, et de quelle lumière ils sont éclairés par la théorie microzymienne.

C'est aussi dans cet ouvrage que le lecteur verra le manque de respect que montrait le professeur Armand Gautier à l'égard de son maître ; et le pénible incident du 27 décembre 1892 qui se produisit à l'Académie. L'incident fut tel que l'Académie ne voulut pas, — malgré le Dr Laborde, qui voulait l'insertion — que la trace en restât dans les comptes rendus.

A la suite de cette incartade, Béchamp vécut solitaire, au milieu de ses livres.

Ayant encore secoué la poussière de ses sandales à la porte de l'Académie de médecine, il n'y reparut plus (3).

Cela ne l'empêcha pas de couronner dignement son œuvre, en publiant, en 1899, à l'âge de quatre-vingt-trois ans, un livre sur le sang et son troisième élément anatomique, qui apprendra beaucoup à ceux qui se donneront la peine de le méditer.

---

(1) M. H. Grasset le recommande aux travailleurs originaux : p. 88.

(2) *Microzymas et microbes*, Paris 1892, E. Dentu, éditeur.

(3) *Loc. cit.*, 1913, p. 89.

M. le Dr Hector Grasset raconte que c'est en 1899 qu'il connut Béchamp. Il était presque aveugle, un peu impotent des mains, dont il put cependant toujours se servir, bien qu'avec difficulté, grâce aux bons soins électriques de son ami Tripier, un des pères de l'électrothérapie française.

Il mourut, pour ainsi dire, en travaillant et en regrettant de ne pouvoir continuer ses recherches (1).

Cet événement survint le 15 avril 1908. Béchamp était isolé à Paris, quand il fut frappé par la congestion pulmonaire des vieillards. Il s'éteignit dans l'indifférence générale. Ce fut un étranger, qui signala sa mort à la presse française, M. le Dr Laverson, un Américain ; et la presse lui donna si peu de retentissement, que ce ne fut connu à Lille que longtemps plus tard (2).

A côté de l'histoire vraie, il y a des romanciers, qui trouvent moyen de traduire des sentiments, qui semblent impénétrables. Ils les situent dans un milieu différent et dans une autre profession, pour faire comprendre un état d'âme qui est demeuré incompris pour son entourage. C'est ainsi que le *Journal des praticiens* (3) présente un roman de M. Henri Duvernois, destiné à faire comprendre l'originalité d'esprit

(1) En soulignant l'événement par ce regret, M. Hector Grasset pousse son lecteur vers cette pensée de Marc Aurèle : « Combien de temps gagne celui qui ne prend pas garde à ce que le prochain a dit, à ce qu'il a fait ou pensé, mais seulement à ce qu'il a fait lui-même afin de rendre ses actions justes et saines. »

(2) La sépulture de Béchamp est à Strasbourg, dans le caveau de la famille de Mme Béchamp.

(3) *Journal des praticiens*, Paris, 18 octobre 1924.

d'un homme de cœur (1). Dans ce roman, il s'agit d'un peintre qui vit seul, et dans son œuvre défend la conception d'un art tout personnel et dont les courants de la mode ne se sont pas emparés.

Il ne cherche pas à vendre ses toiles ; il les amasse, sans souci du gain, modeste dans ses goûts et se contentant de peu... Le peintre abandonné, rayé de l'affection des siens, ne conserve pour unique consolation que la flamme de son génie. La gloire lui vient sur le tard ; mais que lui importent les applaudissements de la foule? Il a besoin de tendresse et les appels de son cœur restent sans écho.

Le vide, que crée autour d'elle une intelligence d'élite, est marqué dans ce livre en touches profondément justes, mais d'une pudeur émue qui a peur d'appuyer. Tout homme supérieur écarte de lui la sympathie. S'il est toléré par les siens, ces derniers se dédommagent de cette complaisance, en riant de ses faiblesses quand il a le dos tourné ; et le malheureux souffre profondément. La hauteur de son esprit s'appuie sur un grand besoin d'affection ; mais son intelligence indispose ; et la tendresse, qu'il implore, lui est refusée avec rudesse (2). Quelle prétention aussi de pénétrer au cœur des choses et de respirer un air à soi ! C'est d'autant plus blessant, que la douceur et la patience ne sont pas les qualités habituelles de

(1) *La brebis galeuse*, par Henri Duvernois (Flammarion, éditeur). — Cet écrivain de race, à la sensibilité la plus tendre, a campé, dans son roman, un type d'artiste, dont la vérité navrante demeure éternelle.

(2) Combien plus pénible est la jalousie, surtout si une injustice y est surajoutée !

ces natures vibrantes, spontanées, prenant feu à l'improviste. Bien des heurts signalent le contact avec ces âmes qui sentent trop vivement pour ne pas éclater en brusqueries irritées au moindre froissement de leur sensibilité. Et Dieu sait combien elle est vulnérable, cette sensibilité ! Une délicatesse morbide y vibre au moindre souffle ; et la raison ne peut rien pour amortir cette souffrance, qui se prolonge, se renouvelle et ne saurait s'éteindre qu'avec la vie même.

En effet, une pensée originale ne naît pas sur un terrain affectif aride. Il lui faut, pour éclore, la chaleur d'un cœur enthousiaste, qui a soif d'aimer.

Alors, vous voyez la peine du pauvre infortuné. La supériorité d'esprit qui le distingue trace un cercle d'isolement autour de lui (1). Il a beau multiplier les preuves de sa bonté et se donner sans réserve. L'hostilité ne désarme pas. Les étrangers parfois lui rendent justice ; ses proches, jamais.

Journellement, il les froisse par l'illusion où il est qu'ils doivent se rendre à ses raisons. Comment pourraient-ils accorder quelque crédit aux arguments qui lui sont chers? Ils n'en connaissent pas la portée, et ils se vengent du malaise que leur valent des démonstrations qu'ils ne comprennent pas (2), en accablant de railleries celui qui les expose.

M. Henri Duvernois ne développe point les an-

(1) Pour un peintre, le milieu naturel est la famille. Pour un scientifique, ce sont les laboratoires, les Académies, les Sociétés savantes.

(2) Parmi les scientifiques, il s'en trouve plusieurs qui nient, afin d'esquiver l'aveu qu'ils n'ont pas compris, ou qu'ils ont mal compris.

goisses de ce drame douloureux et journalier. Il en laisse pressentir la cruauté sauvage sans se perdre dans la confirmation des détails (1)... Incompris comme ceux qui s'écartent de la foule, ces grands esprits passent dans le monde avec une réputation de bizarrerie, à laquelle ils ne cherchent point à se soustraire.

Ne savent-ils point que rien ne sert de s'insurger contre le verdict d'étrangeté, que la rumeur publique a répandu sur leur nom ? Ils sont les victimes désignées de la réprobation générale, puisqu'aussi bien ils en acceptent le jugement plutôt que de changer quoi que ce soit à leur manière d'être et d'accepter cette déchéance, à leurs yeux, la plus affligeante : consentir à l'abdication de leur personnalité, en épousant les manières molles, diffluentes et fades, familières à la mentalité du milieu !

Pèlerin, qui t'embarque pour le voyage de la vie... garde-toi de laisser soupçonner au vulgaire que tu as un cœur taillé sur un autre modèle et qui souffre de ces promiscuités odieuses... Si tu prétends te distinguer des autres... ne compte pas qu'ils épargneront ta sensibilité. Ils t'écraseront comme de juste, pour corriger ton insolence. Et, si ton cœur saigne à cette défaite, ne t'en prends qu'à toi-même de l'aventure fâcheuse. Que n'as-tu vécu loin de tous, fuyant la société de tes semblables, comme le peintre de

(1) Ce portrait d'un peintre dédaigneux et méconnu s'exhausse dans le roman de M. Henri Duvernois à la signification d'un symbole : la lutte du désintéressement et de la noblesse intérieure contre les sollicitations matérielles et les convoitises des natures basses.

M. Henri Duvernois? Fais-tu comme ce dernier, imites-tu sa réserve farouche, de quoi te plaindras-tu, si les humains ne t'apprécient pas davantage? Que tu penses au milieu d'eux ou loin de leur tapage, le même jugement sera porté sur toi : caractère impossible, dont la fréquentation ne réserve aucun agrément? Le destin te condamne à une solitude, dont tes semblables ne seront pas gênés de fournir des raisons, toutes tournées à la gloire de ceux qui les allèguent. Et tu vivras seul ; tu mourras seul, appelant en vain, aux heures de détresse, ceux que tu aimes et n'as cessé d'aimer. Le jour de ta mort, ils passeront les yeux secs, à côté de ton cercueil, aussi indifférents à ta perte que la foule anonyme et distraite qui suit le cortège par politesse et pour remplir la corvée d'un devoir mondain. Le livre de M. Henri Duvernois est une œuvre très belle, où palpite le rythme d'une âme fine, ardente, frémissante et blessée bien douloureusement.

Le même journaliste y est revenu deux ans plus tard (1), pour admettre les propositions de M. Edwen Diller Starbuck (2) relatives à la psychologie du génie.

Tout d'abord, le sujet dispose d'une réserve exceptionnelle d'énergie. C'est cette énergie, qui lui permet la création intellectuelle et qui souffle sur ses élans de passion.

L'instinct, chez lui, est aussi riche que l'esprit : instinct de combativité se traduisant par le besoin d'affirmer sa place en bousculant quiconque le gêne ;

(1) *Journal des praticiens*, Paris, 21 août 1926.

(2) *Année psychologique*, 1924, p. 339.

instinct affectif, qui, chez les grands sujets, s'idéalise aisément en déposant, en cours de route, les éléments impurs dont est souillée sa substance.

Les fortes personnalités ont la conscience d'obéir à un message. Elles sont faites pour alimenter par de nouvelles eaux les sources d'occupations où elles s'adonnent et accomplissent une œuvre de découvertes, voire de salut, qui s'impose à leur effort, à l'égal d'une mission.

La haute valeur, que le sujet confère à ses productions personnelles, lui interdit la faiblesse d'une collaboration. Il est seul; et ce qu'il pense ne pourrait être signé d'un autre nom qui se joindrait au sien (1).

Sa vision est large. Les conceptions de synthèse se pressent dans son esprit. S'il consent à des travaux de détail, c'est tout de suite pour hausser leur degré de signification et les raccorder à un ensemble de constatations qui dominent les points de vue et qui s'ouvrent sur des horizons très larges.

Ces grands traits suffisent à éclairer la raison des vexations qui s'abattent sur ces nobles esprits.

La conscience qu'ils ont, de leur supériorité, les rend parfois dédaigneux ou distants ; — et, d'autre part, leur rétine (2) voit à de très grandes distances.

Ils ne se rendent pas sympathiques et ne sont pas compris.

A leur mort seulement, justice leur sera rendue. Les amours-propres des vivants ne se hérissent pas

(1) Pour A. Béchamp, la collaboration de son fils a été incomparable.

(2) Et surtout leur intuition.

devant les tombes ; l'intelligence du critique recouvre sa sérénité ; et l'équité dans les jugements rentre dans un ordre de possibilités croisées sans résistance.

Ces appréciations, l'une d'un romancier, l'autre d'un philosophe, se rejoignent suffisamment pour faire comprendre comment un grand esprit, doublé d'un grand cœur, a pu se tenir à l'écart de tous ceux qui ont admiré ses talents et qui auraient voulu seconder son zèle, puisqu'ils partageaient sa foi. Plusieurs souffrent de n'avoir pu soulager les tristesses des derniers jours de l'auteur d'une série de grands travaux, dont la portée ne sera bien jugée qu'à une autre époque.

Comment Béchamp est devenu le premier doyen de la Faculté catholique et libre de médecine et de pharmacie de Lille

En 1876, les fondateurs de l'Université catholique de Lille cherchaient par toute la France des professeurs pour la Faculté de médecine avec des garanties de science étendue et de religion sincère. Des démarches avaient été faites dans le Centre et dans l'Est, lorsque les organisateurs se tournèrent du côté de la Faculté de Montpellier. C'était la plus illustre des Facultés de médecine de province. A cette époque, il n'y avait pas de Faculté similaire, ni à Lyon, ni à Bordeaux, ni à Toulouse, ni à Marseille, ni à Lille. Celle de Montpellier exerçait son attraction sur les trois quarts du territoire de France. Les organisateurs de la grande œuvre le savaient, dans le Nord.

Leur grande conquête, faite à Montpellier pour le compte de la future Faculté catholique de médecine de Lille, fut celle de l'illustre professeur de chimie médicale, M. A. Béchamp, à qui était réservé d'avance l'honneur du décanat (1).

(1) E. Lesne : *Les origines de l'Université catholique de Lille, 1876 et 1877*. Voir les préliminaires de la fondation d'une

M. Béchamp avait commencé d'importants travaux de laboratoire, alors qu'il était établi pharmacien à Strasbourg. Il enseignait à l'École supérieure de pharmacie de cette ville. Déjà docteur ès-sciences, il avait conquis, en 1856, le doctorat en médecine par une thèse, qui avait attiré sur lui l'attention du monde savant. Elle ne renfermait rien moins que la découverte des origines de l'urée : elle marque une date dans l'histoire de la production artificielle des matières organiques.

Depuis lors, vingt années d'enseignement et de recherches dans son laboratoire de l'École supérieure de Strasbourg, puis dans celui de la Faculté de médecine de Montpellier, avaient fait de lui l'un des maîtres les plus compétents et l'un des savants les plus réputés dans le domaine des sciences chimiques et biologiques.

Dans l'ordre industriel, il a découvert le procédé de fabrication des couleurs d'aniline.

En biologie, ses études sur les fermentations, avaient abouti à la théorie du microzyma, qui s'opposait à la théorie microbienne de Pasteur. Qui eût pu dire, à cette date, à laquelle des deux l'avenir était réservé?

Lors de la vaste enquête faite pour découvrir par toute la France des maîtres dont la science et la foi fussent de pair, le président du Comité catholique de Besançon avait signalé à Dôle M. Pasteur ; mais il ne pouvait se porter garant que ce savant fût le

---

Faculté de médecine, Revue mensuelle : *Les Facultés catholiques de Lille*, 16e année, nos 11 et 12, août-septembre 1926, p. 384.

catholique pratiquant et zélé qu'on souhaitait. La future Université catholique avait peut-être, ce jour-là, sur la foi d'un indicateur mal inspiré, manqué une piste qui l'eût conduite à la gloire (1). Mais, à la date de mars 1876, l'acquisition de M. A. Béchamp, membre correspondant de l'Académie de médecine de Paris, était regardée comme aussi considérable que celles de M. de Margerie, de M. Chautard et qu'eût pu l'être celle de M. Charles Périn. Ces quatre noms résumaient alors, dans la pensée des organisateurs de l'Université catholique, l'effort fait pour placer à la tête de chaque Faculté un homme de renom scientifique indiscuté (2).

L'acquiescement de M. A. Béchamp fut le fruit de maints voyages faits à Montpellier par M. Camille Féron-Vrau.

Dès octobre 1875, M. C. Féron-Vrau s'était rendu dans cette ville pour sonder les dispositions de M. A. Béchamp. En février 1876, il partait de nouveau pour Montpellier, accompagné cette fois de M. H. Desplats. C'était l'heure où se réunissait, pour la première fois, la Chambre issue des élections de février, et, dans les entretiens de M. C. Féron-Vrau et de M. A. Béchamp, « tout était subordonné à ce qu'il adviendrait de la réunion d'une assemblée radicale ». Toutefois, grâce à l'appui que leur prêta Mgr de Cabrières, évêque de Montpellier, les négociateurs lillois croyaient déjà avoir cause gagnée. Le 11 mars 1876, M. le chanoine Hautcœur écrivait

(1) E. Lesne, *loc cit.*

(2) Ces considérations et les suivantes sont de Mgr E. Lesne, recteur.

à M. A. Béchamp combien il était touché du dévouement, avec lequel il acceptait « la principale part de direction dans l'œuvre si importante, si capitale à tous égards, de la fondation d'une Faculté catholique de médecine ». Il ajoutait : « Espérons qu'aucune mesure injuste et violente ne viendra entraver nos efforts. » M. A. Béchamp n'était pas de ceux qui regardent en arrière.

Le 17 mai 1876, un correspondant de Montpellier avertissait M. le chanoine Hautcœur que « le vote trop certain du projet de loi illibéral de M. Waddington » ne changerait en rien les résolutions de M. A. Béchamp. « Mais, en vérité, le sacrifice sera doublé; car la suppression de commissions mixtes (jurys mixtes) réduirait les Universités catholiques au rôle d'Écoles préparatoires; et cette circonstance autoriserait bien quelque réflexion avant de renoncer à une situation éminente devant l'opinion autant que dans la hiérarchie scolaire, fruit de longs travaux, pour se condamner volontairement, loin du théâtre de ces efforts et dans un milieu inconnu, à une obscurité relative et à une attente longue peut-être des accessoires considérables et nécessaires à l'enseignement. Mais, encore une fois, rien n'a ébranlé l'adhésion à vos vues de notre éminent ami. »

Pourtant, au mois de juin 1876, des nouvelles inquiétantes parvinrent de Montpellier. M. A. Béchamp s'alarmait au sujet de la situation désavantageuse qui serait faite aux Universités catholiques par l'adoption du projet de loi, voté déjà par la Chambre des députés, qui réservait exclusivement les examens aux professeurs de l'État. D'autre part, il craignait que la jeune Université ne fût pas susceptible de faire les sacrifices nécessaires pour s'assurer des professeurs de premier plan. M. Camille Féron-Vrau dut immédiatement partir pour Montpellier, en compagnie de l'abbé Orhand, afin de mettre un terme aux hésitations de M. Béchamp. Bien qu'à la suite de cette nouvelle intervention, sa décision fût prise, il confessait, encore le 23 juillet, ses inquiétudes... « J'ai été très satisfait des discours de Mgr Dupanloup et de M. Laboulaye, ainsi que du rapport de M. Paris. Cependant, je crains que le Sénat ne faiblisse. » Il annonçait, toutefois, le même jour, qu'il enverrait le lendemain au Ministre sa démission.

La chose faite, il écrivait, le 30 juillet 1876, au recteur de l'Université catholique de Lille :

« Je me sens si peu de chose pour accomplir l'œuvre de Dieu, que, si je n'espérais dans sa protection et je n'avais la conviction que j'accomplis sa volonté, je tremblerais bien plus que je ne le fais, en considérant les difficultés de l'entreprise et la responsabilité que j'assume.

« Il faut sans cesse se souvenir que c'est l'Église qui est engagée dans tout ceci. Et, pour ma part, je voudrais me sentir moins indigne de concourir à sa défense, qui est aussi la défense de la Patrie !

« L'Église, la Patrie et la Science aussi, vous les avez associées dans votre lettre, monsieur le Recteur ; et voilà trois grandeurs, pour lesquelles on devrait toujours être heureux de se dévouer et de se sentir digne de braver l'impopularité.

« Sans doute, les violents font des efforts désespérés pour entraver le développement des Universités catholiques, notamment de celle de Lille. Ils se démasquent ainsi et font bien voir que leur souci n'estpas la diffusion de l'enseignement, mais l'oppression des œuvres catholiques...

« Vous avez la bonté de me dire que vous êtes prêt à seconder de tout votre pouvoir les efforts que je pourrai tenter pour donner une puissante impulsion scientifique à notre Faculté de médecine. Je vous en remercie du plus profond de mon cœur. J'ai déjà soumis une partie du plan d'ensemble à M. Camille Féron-Vrau, le grand catholique si dévoué et si actif. Il me tarde d'en conférer avec vous. »

Avant son départ, le 13 août 1876, l'évêque de Montpellier adressait à « l'éminent et cher professeur » une lettre qui fut rendue publique. Il lui exprimait les regrets et les sympathies des catholiques d'une ville parmi lesquels il avait toujours été « l'honneur et comme le type achevé des vrais croyants ».

« Nul devant vous n'aurait osé parler ni de l'asservissement fatal qui pèse sur les intelligences fidèles, ni de l'impossibilité d'unir une vaste culture d'esprit à la pratique des devoirs religieux, ni surtout de l'absurdité des mystères de notre symbole et de leur opposition avec l'état actuel des connaissances physiques et chimiques. Vous commandiez à tous le silence par la virilité de votre attitude ; et ceux-là mêmes qui n'avaient pas le bonheur de partager vos croyances regrettaient, sans doute, dans le secret, de ne pouvoir donner à leurs opinions le prestige de la considération et du respect dont vous étiez entouré partout et par tous. »

Constitué arbitre de sa situation, Mgr de Cabrières

n'avait pas hésité à conseiller à M. A. Béchamp d'aller à Lille : « C'est que nous avons compris que, dans une matière aussi grave, l'égoïsme serait à la fois une inconséquence et une faute : une inconséquence, puisque les Universités libres ne donneront les fruits qu'on en attend que si, dès leur fondation, les maîtres y sont égaux, ou même supérieurs aux maîtres de l'Université de l'État; — une faute, puisque, dans une question générale, ce serait mal agir que de penser uniquement à soi-même et à ses intérêts momentanés. »

C'est ainsi, entouré du respect et de l'admiration de tous, que, le 16 août 1876, M. A. Béchamp quittait Montpellier pour s'acheminer vers Lille, où le réclamait l'organisation de la nouvelle Faculté. Il ne s'arrêtait que quelques jours à Paris, où il devait s'entendre avec M. H. Desplats en vue des commandes à passer de divers instruments de laboratoire.

Très naturellement, un entourage sympathique se groupait autour de M. A. Béchamp.

M. Joseph Béchamp, son fils, avait accepté les propositions des Lillois. Il était son meilleur élève, le collaborateur presque indispensable de ses travaux.

Si tous deux avaient attendu jusqu'au 15 août pour se rendre à Lille, c'est, d'une part, qu'ils tenaient à donner jusqu'en fin d'année, à la Faculté de Montpellier, l'enseignement qu'ils lui devaient ; c'est aussi que les recherches en cours dans leurs laboratoires ne pouvaient être terminées plus tôt.

Il avait été convenu que M. A. Béchamp enseignerait la chimie organique et biologique, et que

M. J. Béchamp donnerait l'enseignement de la chimie analytique. M. le chanoine E. Hautcœur l'écrivait à M. A. Béchamp : « Le concours de monsieur votre fils nous sera aussi bien précieux. Formé sous votre direction, il partage vos principes ; et il est, comme vous, animé d'une noble ardeur pour la culture et la diffusion de la science. Puissions-nous recruter un personnel homogène sous ce double rapport ! »

Le futur doyen de la Faculté catholique de médecine s'y était fructueusement employé, avant même de quitter Montpellier.

Dès le mois de juillet 1876, il donnait aux organisateurs le nom de M. Ernest Baltus, un de ses élèves préférés, de qui il faisait le plus vif éloge. « Je vous fais adresser sa thèse. Vous verrez comment cela est écrit, comme c'est sérieux, comme c'est savant. Vous y verrez que l'auteur est capable d'enthousiasme pour le vrai, chose rare parmi notre jeune génération ». M. A. Béchamp estimait que M. Baltus, médecin en titre d'un hôpital, ne pouvait entrer à la nouvelle Faculté qu'en qualité de professeur : « Il a la figure jeune, celle d'un jeune homme, que de nobles passions animent. Mais comme cette juvénile figure sait être grave ! » Il fut donné satisfaction au vœu formulé pour le futur doyen : M. Baltus est, dès l'origine, professeur titulaire de physiologie.

Une lettre datée de Montpellier, 9 août 1876, posait une autre candidature. Sur les propositions réitérées de M. A. Béchamp, qui se portait de lui garant, M. Gonzague Eustache, depuis quatre ans professeur agrégé à la Faculté de médecine de Montpellier, s'offrait à remplir les fonctions de professeur d'anatomie jusqu'au jour où l'établissement d'une clinique chirurgicale lui permettrait de postuler cette dernière chaire. La négociation fut très brève. Le 24 août 1876, M. Eustache annonçait à M. C. Féron-Vrau sa définitive adhésion.

C'est également de la Faculté de Montpellier, qu'était issu le professeur Dominique Domec, recommandé par MM. A. Béchamp, Eustache et Baltus. Jeune encore, il avait pris un engagement pour la Faculté de médecine de Quito (Équateur). Garcia Moreno avait eu le souci de confier la direction de l'enseignement médical à des Français, qui fussent catholiques. Devenu doyen après Gayraud, il était, par son mariage, entré dans la famille du premier président de la Cour de cassation de Quito. Après l'assassinat de Garcia Moreno, M. Domec accepta de venir à Lille comme professeur d'anatomie; mais il ne put débarquer en France qu'en octobre 1877.

A. Béchamp eut donc une part dans le recrutement du personnel enseignant ; mais il avait été devancé par les démarches que M. Henri Desplats faisait ou acceptait depuis six ou sept mois.

Comment Béchamp a quitté le décanat

Antoine Béchamp, le premier doyen de la Faculté catholique et libre de médecine et de pharmacie de Lille, est une figure remarquable. Sa carrière a été mouvementée, souvent tourmentée et surtout déformée par des appréciations, prématurées ou incompétentes, après des luttes passionnées qui, pour se succéder dans des Académies, n'en ont pas moins été violentes et injustes.

Doué d'un esprit droit, d'un caractère ferme, il a travaillé loyalement avec une ardeur impétueuse pour la vérité scientifique. Dans la pratique consciencieuse de la profession pharmaceutique, il a aimé l'exactitude, l'esprit de suite dans l'observation de faits nombreux et divers. Se trouvant à Strasbourg, il a été avide de pénétrer davantage les connaissances scientifiques, il est devenu successivement pharmacien de première classe, licencié, puis docteur ès-sciences. Dans son ardeur pour les sciences biologiques, il eut l'énergie d'entreprendre les longues études médicales, comme pour écarter de son esprit tout ce qui aurait pu voiler d'un doute le grand idéal dont il s'inspirait : il cherchait la vérité scientifique, sans parti pris, mais avec une ardeur indomptable.

Comme professeur, A. Béchamp avait un étonnant prestige sur les étudiants. Toujours il les prenait au sérieux. Pour faire son cours, il revêtait le frac et la cravate blanche ; et il se faisait précéder par l'appariteur muni de la chaîne d'argent. Ce cérémonial n'était qu'un symbole de la gravité de son enseignement. L'éloquence était dans la clarté, la méthode, l'enchaînement des faits, autant que dans la simplicité et dans la chaleur de la démonstration. La voix forte, soutenue, sympathique, n'avait jamais d'artifices oratoires. Elle communiquait aux auditeurs les perplexités, qui avaient tourmenté l'esprit du chercheur, pendant qu'il poursuivait la conquête d'une vérité scientifique. Il communiquait sa flamme d'un ton si efficace, qu'on en était pénétré. On avait l'illusion de participer à un pas en avant vers une vérité non encore connue ailleurs. Car A. Béchamp ne se faisait pas faute de faire à ses auditeurs la confidence de quelque partie de ses déboires. Les étudiants ne l'en aimaient que davantage ; et ils applaudissaient à la fin de chaque cours.

Béchamp leur rendait cette affection. Il en a donné bien des preuves.

La *Semaine religieuse* du 7 octobre 1876 a publié un supplément sur l'Université catholique de Lille, dans le but de s'engager devant tout le public :

« L'enseignement de l'Université de Lille sera chrétien. Les principes de la foi y seront professés. Les jeunes gens s'y formeront à la pratique de la religion et des œuvres de charité et de zèle; les mesures seront prises pour les sauvegarder des périls auxquels les exposent leur âge et leurs études. Mais, en même temps, l'enseignement sera complet au point de vue scientifique. Le niveau des études était (en 1876), de l'aveu de tous, abaissé dans les Facultés officielles ; les Universités catholiques veulent contribuer à le relever. Le choix des professeurs de l'Institut de Lille le prouve suffisamment. Le nouvel enseignement a un caractère essentiellement pratique et bien plus complet que celui des Facultés de l'État. Les étudiants qui le suivront acquerront une science plus réelle et se prépareront plus spécialement aux examens. Il faut dire aux familles à quel besoin pressant répond la création de la Faculté libre de médecine; quels sont ses moyens, son but et son esprit.

L'esprit et le but sont évidents. La nouvelle institution se propose de former des médecins qui soient instruits et chrétiens à la fois. Les fondateurs et les professeurs savent trop bien que les grandes erreurs doctrinales et scientifiques contemporaines ont leur source dans un savoir insuffisant et qui se dit positif, mais qui ne tient pas assez compte des données de l'expérience. C'est pour cela que l'éducation scientifique des jeunes gens sera développée dans tous les sens, aussi complètement que possible, les professeurs sachant qu'il ne peut pas y avoir contradiction entre la science et la foi révélée.

« Dans la nouvelle Faculté, l'enseignement sera donc largement expérimental. Trop longtemps, dans notre pays, il est resté presque exclusivement théorique, au détriment de sa réputation et de sa grandeur. On mettra à profit toutes les ressources, dont les progrès des sciences ont démontré l'utilité. On ne perdra aussi jamais de vue que le médecin doit être un savant en même temps qu'un praticien ; et la Faculté s'efforcera de réunir, dans ses disciples, ces deux ordres de qualités, souvent si difficiles à concilier.

« Pour atteindre ce but et élever en même temps le niveau des études, le meilleur moyen est de faire aller de front l'enseignement théorique et les travaux pratiques organisés sur un plan très large.

« En effet, il est impossible de nier que la leçon orale ne suffit pas pour graver dans la mémoire des élèves les faits qui sont la base des théories vraiment scientifiques. Il est nécessaire que les élèves répètent les expériences les plus importantes dont ils ont été les témoins dans les cours des professeurs. La matière veut être touchée, en quelque sorte, pour être parfaitement connue. Les élèves s'exerceront donc aux manipulations et au maniement des divers instruments qui permettent de mettre en évidence les propriétés des corps. Et l'art d'expérimenter aura cet autre avantage pour eux, qu'ils acquerront, avec des notions exactes, l'habitude de la précision et l'horreur de l'à peu près.

« Ainsi la fréquentation de l'École pratique, au lieu d'être, comme jusqu'à présent, accessible au petit nombre, et de constituer un privilège difficilement explicable, deviendra obligatoire pour tous les élèves ; et cette institution sera comme le centre, vers lequel convergera l'activité de tous.

« Des locaux spéciaux sont affectés à l'installation des laboratoires. De nombreuses salles, bien éclairées, bien aérées, sont munies de tous les instruments nécessaires, ainsi que des matières premières destinées aux manipulations. Des collections de produits divers de chimie, d'histoire naturelle, de matière médicale, seront à portée des laboratoires et constamment à la disposition des étudiants. Cet ensemble permettra aux élèves de s'exercer aux différents travaux, dont la physique, la chimie, l'anatomie, l'anatomie comparée, l'histologie, la physiologie, la matière médicale et la pharmacologie, la clinique et le diagnostic seront l'objet.

« Les élèves seront sans cesse en contact avec les professeurs, les chefs des travaux, les préparateurs. Ils seront guidés, dirigés. Durant les travaux pratiques auront lieu des conférences : elles permettront d'éclaircir les questions demeurées obscures dans l'esprit des élèves ; des interrogations fréquentes permettront, en outre, de juger du travail personnel de chacun d'eux.

« Enfin, une bibliothèque spéciale sera mise à la disposition des étudiants ; elle sera ouverte toute la journée.

« C'est ainsi que la théorie et l'expérience seront sans cesse menées de front.

« Car, s'il est très vrai de dire qu'un bon médecin ne se forme qu'au lit du malade, il n'est pas moins nécessaire d'ajouter que la connaissance approfondie des sciences expérimentales, que l'on est convenu d'appeler accessoires, est la base même de l'art de guérir.

« Tout cet ensemble témoigne de la préoccupation constante d'éviter la demi-science.

« Aussi la Faculté de médecine, suivant d'ailleurs en cela l'impulsion donnée par la Commission d'organisation elle-même, a-t-elle décidé qu'elle se préoccuperait bien moins d'avoir beaucoup d'élèves que d'en avoir de bons.

« En cherchant à leur donner la plus grande somme de savoir qu'il se pourra, elle a du même coup résolu de ne pas rechercher le nombre. Une seule classe de praticiens sortira de ses écoles : les docteurs en médecine. Mais, si elle décide de ne pas faire d'officiers de santé, elle s'efforcera de faciliter à ceux que les circonstances n'ont pas favorisés, les moyens d'atteindre au doctorat.

« Toutefois, si son plan d'études se refuse à admettre les candidats qui n'ont que l'officiat pour objectif, elle n'a pas jugé que l'exclusion dût s'étendre aux pharmaciens de seconde classe. En prenant cette résolution, la Faculté s'est fondée sur le peu de différence qui existe en 1876, au point de vue de la scolarité et des matières des examens, entre les gradués de première et ceux de seconde classe. Du reste, les aspirants de cette dernière catégorie suivront les mêmes cours et les mêmes travaux pratiques que les autres : toute la différence se réduira à une simple question de rétribution scolaire (1). »

Béchamp avait des idées grandes et larges. Il savait que, par la liberté, on peut faire mieux que par les fonctionnaires des services publics. Il savait que l'Église catholique veut la vérité entière ; et que, pour la produire, celle-ci ne recule devant aucun effort. Il escomptait des laboratoires et des services abondamment pourvus, largement ouverts et géné-

(1) *Supplément à la Semaine religieuse (du diocèse de Cambrai)*, Lille, 7 octobre 1876, p. 861-865.

reusement outillés. C'était bien l'intention des fondateurs et des organisateurs ; et le doyen faisait les demandes appropriées à l'administration.

Malheureusement, d'autres influences intervenaient ensuite, parmi lesquelles celles d'un minimaliste, qui se serait contenté d'une École préparatoire de médecine et de pharmacie. Béchamp protestait : pour enseigner la médecine sous l'égide de l'Église catholique, ce serait une indignité d'être réduit à une école de second rang dans une lutte contre le monopole de l'État. Il faut une vraie Faculté, organisée et équipée comme telle. Le minimaliste n'était ni méchant, ni pervers ; mais il avait de l'habileté, de la souplesse et beaucoup de désir de plaire. Il tenait, d'ailleurs, l'oreille des hommes d'influence ; et, aux accents de loyale sincérité de Béchamp, il objectait discrètement des insinuations adroitement présentées d'une voix douce et pleine de sollicitude, avec toutes les protestations d'un zèle et d'une bonne volonté, qu'on ne pouvait contester. L'administration finit par se laisser surprendre par la manœuvre persévérante du plus habile... et Béchamp, impatient de subir un désaveu, garda sa chaire, mais quitta le décanat, qui lui devint « nominal ».

Entre les deux antagonistes, il y avait un contraste aussi profond que spontané. Devant le Lorrain, qui avait commencé en Alsace une laborieuse carrière de laboratoire, M. Henri Desplats était un Méridional, qui avait goûté aux perspectives entraînantes des milieux parisiens. D'une courtoisie parfaite, il avait commencé par se montrer débonnaire devant le doyen A. Béchamp. Devant l'enthousiasme ardent de celui-ci, il gardait son aménité, mais aussi son savoir-faire. Il était, certes, un homme distingué par l'esprit, mais d'une souplesse et d'une habileté incroyables. Dès 1875, il a été, selon les occasions, l'instrument ou l'inspirateur de M. Camille Féron-Vrau. Son urbanité trouvait toujours le moyen d'être affable jusqu'au point de se rendre nécessaire. En février 1876, il accompagne M. C. Féron-Vrau à Montpellier, auprès de M. A. Béchamp. Le 17 août suivant, celui-ci n'est que de passage à Paris ; M. H. Desplats va l'y rejoindre en vue des commandes d'instruments de laboratoires, mais déjà il y a d'importantes décisions prises pour le personnel, les locaux, le fonctionnement, les fournitures, et, toujours, ce sont les deux mêmes antagonistes qui se rencontrent. Le travailleur de laboratoire a ses ardeurs et son enthousiasme pour les vérités techniques, qu'il a découvertes. L'homme de salon reste sociable ; il se montre diligent, empressé, tellement qu'il devient une sorte d'ardélion auprès de M. C. Féron-Vrau et des autres administrateurs.

Qu'il y ait eu des animosités entre les deux antagonistes, c'est possible; mais, pour l'emporter sur le prestige d'A. Béchamp, la force d'Henri Desplats n'a été ni la vigueur du talent, ni celle des principes : toute sa puissance est dans un grand bonheur d'attitude.

Il n'insulte jamais ; il a des prudences savantes, des insinuations cauteleuses, des réticences et des sous-entendus d'artiste. Il pèse ses mots et les soupèse ; il y met tout ce qu'il veut qu'ils contiennent, mais, à travers les nuances, avec précaution et distinction. Il ne dit pas inconsidérément l'erreur de son partenaire : il donne à entendre qu'elle n'est pas tolérable.

Peu à peu, quelques-uns s'écartent du doyen, qui ne se fait pas écouter. Dans quelques salons accrédités, on lance de petites phrases venimeuses, qui rampent, s'insinuent et mordent. On esquive les rencontres et les explications. Lorsque le discrédit est obtenu, M. Henri Desplats devient premier assesseur au doyen, et M. Ernest Schmitt, second assesseur.

Quand il assuma ainsi toute l'administration de la Faculté, M. H. Desplats avait encore du liant. Par la fondation d'une conférence de Saint-Vincent-de-Paul d'étudiants, il s'était astreint à se maintenir dans un ton de mansuétude ; mais il ne put longtemps se défendre d'une sorte d'affectation dans une charge qui était peut-être un peu au-dessus de ses aptitudes, puisqu'on lui a quelquefois reproché de l'emphase.

Tandis que M. H. Desplats se trouvait aux prises avec des difficultés administratives, A. Béchamp poursuivait ardemment son enseignement et ses belles recherches.

Béchamp avait l'éloquence, qui convient à l'enseignement. C'était un démonstrateur, qui animait ses leçons par une éloquence peu banale. On sentait qu'il s'y donnait tout entier avec une ardeur communicative. Son langage était simple, correct, sans vaine recherche ; sa parole nette avait un accent de loyale franchise ; elle respirait une grande ampleur d'idées ; sa voix s'animait ; son expression, toujours coordonnée, d'une vivacité pénétrante, devenait mouvementée, parfois enthousiaste, souvent conquérante par la force de la vérité. Cette éloquence, très personnelle, était persuasive, mais intraduisible.

On peut en juger par la première lettre à Édouard Fournié, qui avait écrit : *Simple aperçu sur le rôle de la chimie en physiologie et en médecine* (1). On y trouvait la doctrine qui découle de la découverte de la nature et des fonctions des granulations moléculaires que Béchamp a nommées *microzymas.*

« Je suis de votre avis, écrit-il, quand vous appréciez le rôle du chimiste qui veut toucher à la physiologie ou à la médecine. Certainement la chimiatrie n'est pas la médecine. Comme vous, j'estime que l'intervention du chimiste, qui n'est ni assez physiologiste, ni assez médecin, dans le domaine de la pathologie et de la thérapeutique, ne peut être que désastreuse.

« Mais, en revanche, je m'assure que l'alliance, telle que vous la comprenez, de la médecine et de la physiologie avec la chimie serait d'une rare fécondité. Certainement, elle serait le moyen d'atteindre le but élevé auquel tendent votre esprit et vos travaux, empreints l'un et les autres d'une philosophie si raisonnable et si haute.

« Cependant, pour que l'alliance soit réellement profitable, trois choses me paraissent nécessaires. C'est d'abord que chacune des parties contractantes

(1) *La théorie du microzyma et le système microbien.* Lettres à M. le Dr Édouard Fournié, directeur de *la Revue médicale française et étrangère,* précédées d'une préface par A. Béchamp, Paris, 1888, p. 4.

veuille rester dans son rôle et soit persuadée que son alliée a le droit d'être écoutée et que son intervention est légitime. C'est, ensuite, que le chimiste tienne pour certain qu'il y a vraiment une science médicale, laquelle, fondée sur l'expérience et l'observation, a ses principes et ses lois, tout comme il existe une physiologie rationnelle et une physiologie expérimentale. C'est, enfin, que le médecin et le physiologiste consentent à regarder la chimie, non comme une servante, mais comme une science maîtresse, capable de créer son objet à l'égal de la physique, voire de l'astronomie, et ne la rangent pas dans la catégorie des sciences accessoires dont la connaissance n'importe que secondairement à la médecine (1). Il n'y a que des sots ou des ignorants qui s'imaginent pouvoir asseoir la science de l'homme sur une base édifiée avec des matériaux dont la chimie serait exclue.

« Hé quoi ? on reconnaît que l'homme est formé de matière, que cette matière est de même essence que celle des animaux et des végétaux, et que, réduite à ses éléments lavoisiériens, elle est aussi de même essence que celle dont sont formés la terre et les

(1) Par ces considérations, Béchamp touche le point sensible de l'éternelle controverse entre les médecins cliniciens et les médecins de laboratoires. Son langage est mesuré, circonspect ; il cherche la conciliation dans la bonne harmonie.

D'autres sont parvenus à transférer l'enseignement des sciences physique, chimique et naturelles à la Faculté des sciences, qui n'a pas de médecins. L'auditoire n'est pas davantage préparé à l'harmonie des sciences : il est encore dans une ignorance complète de toutes les sciences médicales, même des plus élémentaires.

mondes ; et l'on prétend connaître l'homme sans rien savoir des relations qui rattachent son être matériel à la matière de l'univers?

« On affirme qu'à l'origine des choses il n'y avait que de la matière brute, réduite à l'état d'atomes isolés ; et l'on veut qu'un médecin, dès le début de ses études, ne s'enquière pas en vertu de quelle série de phénomènes cette matière, ces atomes, ont fini par constituer tous les êtres vivants qui peuplent la terre, les eaux et les airs, l'homme lui-même? dont la substance (1) matérielle, en apparence, est si différente de la matière cosmique?

« Il y a de vrais savants, des naturalistes, qui soutiennent que cette matière cosmique a pu, spontanément, se grouper, s'unir, pour constituer ce que l'on appelle un *monère*, simple flocon d'albumine, dit-on (2) ; et que ce *monère* non moins spontanément a pu produire, peu à peu, à travers une incommensurable durée, tout ce monde vivant, l'homme même, l'être intelligent et calculateur ? Et l'on veut que le médecin ne se demande pas si cela est vrai?

« Mais qui donc pourra lui fournir la réponse, en résolvant ces redoutables difficultés, si ce n'est la chimie?

---

(1) Cette énumération est manifestement inspirée par le texte biblique des jours de la Création ; ce qui est, pour Béchamp, une vérité intangible.

(2) Béchamp repousse l'erreur en une forme impersonnelle ; et il se sert de l'argument scientifique. Car il est antiscientifique de supposer une spontanéité que rien ne permet d'admettre.

Les versets de la *Genèse* sont précis ; ils méritent l'admiration des scientifiques.

« La matière n'est primitivement soumise qu'à des énergies physiques et chimiques (1). Ces énergies sont-elles anéanties lorsque la matière est devenue organique dans un être vivant? Ou bien, la matière, restant soumise aux mêmes énergies, a-t-elle acquis, en devenant matière organique, des propriétés nouvelles qui n'étaient pas primitivement dans ses atomes?

« Mais existe-t-il, comme on le croyait avant Lavoisier, une matière organique par essence?

« Ne faut-il pas distinguer, dans la matière dite *organique*, deux choses : savoir la *matière* et l'*organisation*, c'est-à-dire la substance et la forme ou la structure (2)?

« Enfin, chimiquement, physiologiquement et médicalement, en quoi consiste la notion d'organisation vivante?

« Ces questions peuvent-elles être indifférentes pour un médecin digne de ce beau nom? Sous peine de n'être qu'un empirique, peut-il ne pas en chercher la solution ? Et qui l'aidera à les résoudre, si ce n'est la chimie, et la physiologie appuyée sur la chimie ?

« Pour l'objet que j'ai en vue, je vais insister sur la dernière question, car, en pathologie surtout, il importe de savoir en quoi consiste la notion d'organisation vivante. Sans doute les vrais médecins ont la perception très claire que les idées de vie et d'organisation sont corrélatives ; ils n'admettent pas la

(1) Il n'y a aucune spontanéité dans des énergies physiques et chimiques.

(2) On remarquera quelle précision Béchamp apporte dans cette distinction fondamentale.

maladie dans ce qui n'est ni vivant ni organisé. Certes aucun médecin, digne de ce nom, n'aurait appelé maladies certaines altérations du vin et de la bière et ne leur aurait comparé les maladies proprement dites de l'homme et des animaux. Comment une pareille énormité a-t-elle pu se produire? Je vais le rechercher ; car la chose vaut la peine.

« J'ai dit qu'avant Lavoisier on croyait à l'existence d'une matière que l'on supposait *organique par essence.* A cette époque, l'idée de matière organique comportait même celle de matière organisée, et Buffon allait jusqu'à admettre que cette matière existait sous la forme de *molécules organiques* vivantes n'attendant que des *moules intérieurs* ou d'autres circonstances pour produire des êtres organisés.

« Beaucoup plus tard, cette erreur était loin d'être abandonnée : si bien que Leuret et Lassaigne, un médecin et un chimiste, dans leurs *Recherches physiologiques et chimiques pour servir à l'histoire de la digestion*, publiées en 1825, écrivaient encore : « *La « matière organique se trouve abondamment répandue « dans toutes les parties du globe que nous habitons* : « inerte dans un certain nombre de corps, elle peut, « par une association convenable (1), revêtir toutes les « formes de la vie. Depuis la mousse jusqu'à la sensi- « tive, depuis la monade jusqu'à l'homme, tous les « êtres s'entretiennent, s'accroissent par elle, et leurs « différences physiques tiennent à ce qu'ils sont doués « de certaines propriétés, en vertu desquelles ils n'as-

(1) L'erreur ainsi dénoncée par Béchamp, est une assimilation injuste entre une réaction chimique et une association des conditions biologiques.

« socient à leur propre substance qu'une quantité plus « ou moins grande de cette matière, et suivant un mode « déterminé ». Lavoisier avait été si peu compris, que Bichat lui-même croyait que les animaux étaient plutôt nécessaires aux végétaux, que ces derniers aux premiers (1).

« L'immortel chimiste avait pourtant démontré que la matière animale et la végétale sont formées d'un petit nombre de corps simples, les mêmes qui existent dans l'air, dans l'eau, dans la terre. Plus anciennement, il avait fait entrevoir que les animaux supposent l'existence antérieure des végétaux, ce que Buffon avait également admis.

« Mais toutes ces grandes vérités n'ont été mises dans tout leur jour que, grâce aux travaux de J.-B.

---

(1) Pour réfuter des erreurs aussi graves, il fallait un périodique. Béchamp raconte lui-même comment un hebdomadaire lui fut ouvert à Paris.

« Édouard Fournié et moi, écrit-il, nous étions personnellement inconnus l'un à l'autre. J'ignorais même qu'il connût mes recherches et les eût appréciées, dans l'un de ses ouvrages d'abord, et ensuite dans la *Revue médicale*, dans cette partie, qu'il avait consacrée à « l'application des sciences à la médecine », où il jugeait, avec un sens philosophique si profond, les idées, les doctrines et les œuvres des savants à mesure qu'elles se produisaient. Ferdinand de Launay, dont l'esprit est si pénétrant, l'érudition si vaste et dont l'amitié m'est si chère, a été l'instrument délicat de notre première rencontre. Nous ne nous connaissions pas. Je savais seulement que, dans *le Temps*, Édouard Fournié avait parlé des microzymas comme il sait parler des choses sérieuses. Après une séance de l'*Académie de médecine*, où je venais de faire une communication sur les microzymas, il eut la bonté de m'aborder, me prit par la main et me conduisit chez E. Fournié, qui, grâce à lui, devint pour moi un ami fidèle » (*loc cit.*, 1888, préface, p. 26).

Dumas, à la suite de la publication de la fameuse *Leçon sur la statique chimique*, professée par l'illustre savant, pour la clôture de son cours à la Faculté de médecine de Paris en 1841.

« Il est résulté ainsi des découvertes de Lavoisier et de J.-B. Dumas, des recherches des chimistes, que ce que l'on nomme matières organiques ne sont autre chose que des combinaisons de carbone, d'hydrogène, d'oxygène et d'azote, quelquefois associés au soufre et au phosphore : bref, des combinaisons minérales, puisque leurs composants, étant des corps simples lavoisiériens, sont nécessairement minéraux.

« D'autre part, l'analyse immédiate était parvenue à réduire la matière organique des végétaux et des animaux en composés incomplexes définis, que Chevreul nomma les *principes immédiats*. On ne tarda pas à s'apercevoir que le plus grand nombre de ces principes immédiats au moins les plus importants, étaient les mêmes dans les végétaux et dans les animaux ; que ces principes associés à quelques composés purement minéraux, c'est-à-dire ne contenant pas de carbone (sauf l'acide carbonique), constituaient, en somme, la masse de la substance des êtres organisés.

« Et comme, malgré Bichat, malgré les travaux sur la cellule végétale et sur la cellule animale qui montraient la structure cellulaire de la plupart des tissus du créateur de l'histologie, on ne voyait, dans l'organisme animal, que des forces instables, transitoires, on en vint peu à peu à imaginer les théories des blastèmes et des protoplasmas. Les blastèmes et les protoplasmas étant des substances formées uniquement de principes immédiats plus ou moins nombreux, associés avec de l'eau et quelques autres composés inorganiques, on en vint à admettre que la matière peut être vivante et pourtant non structurée !

« L'un dira que « le protoplasma est un mélange « avec de l'eau d'un plus ou moins grand nombre de « principes immédiats différents, en voie de transfor- « mation continuelle ». Un autre, que « l'organisme « humain, à son origine dans l'œuf, est un assemblage « de corpuscule de protoplasma et que chaque organe « n'est de même qu'une agrégation du même genre ».

« Et Claude-Bernard, formulant la pensée commune, s'exprimera comme ceci : «Le protoplasma est un corps « défini, *non pas morphologiquement*, comme on avait « cru que devait être tout corps vivant, mais chimique- « ment, ou du moins par sa constitution physico-chi- « mique ».

« C'est la formule achevée d'une doctrine. On avait cru que la vie ne résidait que dans ce qui était morphologiquement défini... Non ! ce n'est pas cela. La constitution physico-chimique suffit. On reconnaît bien qu'il y a des corps vivants ; mais ils le sont sans qu'il y ait dans leurs parties rien qui le soit d'une manière particulière *en soi*.

« On en est à ce que croyait Cuvier. Selon ce grand homme, « toutes les parties d'un corps vivant sont « liées : elles ne peuvent agir qu'autant qu'elles agissent « toutes ensemble ; vouloir en séparer une de la masse, « c'est la reporter dans l'ordre des substances mortes, « c'est en changer complètement l'essence ».

« Il n'y a donc, dans l'organisme humain, dans un organisme quelconque, rien de vivant *per se*, en quoi la vie persiste après la mort de cet organisme. Il y a un tout vivant, où la vie semble procéder de principes immédiats nombreux qui sont en voie de continuelle transformation. La cause de cette transformation continuelle, on l'admet sans chercher à la découvrir ; et, quand on la montre, on la nie...

« Dans la théorie du protoplasma, l'activité vivante résulte du mélange des principes immédiats et, par voie de conséquence, des corps simples qui les ont formés. Naturellement, un tel mélange ne peut pas plus s'altérer que le vin ou la bière contenus dans des vases bien bouchés. Mais qu'une fissure soit faite, un germe invisible pourra s'y introduire ; la maladie se produira de la même manière qu'en pénétrant dans la bière ou dans le vin. Le germe y provoque des altérations qui les gâtent.

« Voilà comment on est venu à parler des maladies de l'homme comme des corruptions du vin ou de la bière.

« Je crois bien que ce n'est pas là de la médecine hippocratique ! »

Béchamp s'indigne, qu'en plein siècle scientifique, il y ait des savants qui, non seulement, s'imaginent que ces confusions sont acceptables, mais qui prétendent que leur système est à la fois raisonnable et scientifiquement établi... Qu'ils en soient si convaincus, ce lui est une surprise. Ce lui est un étonnement plus grand encore, quand de telles opinions sont acceptées comme vérités indiscutables par un grand nombre de médecins distingués. Les plus éminents, des cliniciens même, ont de la peine à ne pas sacrifier à l'idole, écrit-il, ou à résister au courant qui entraîne les gens du monde à la suite des savants.

A peu d'années de son départ de Lille, Béchamp, toujours fidèle à son idéal, s'exprimait sévèrement, mais sans âpreté. Il était à Massevaux, en Alsace, le 22 septembre 1887 ; et il y écrivait une préface pour ses lettres au Dr Édouard Fournié. Lorsqu'il rappela l'époque de sa vie scientifique (1), où il était sorti de l'Université officielle, il s'est borné à écrire avec mélancolie qu'il était « allé servir une cause impopulaire... » Il se sentait abandonné de tous, même de ceux dont le devoir était de le soutenir en lui tenant parole.

Édouard Fournié, qui était un catholique à Paris, a eu le courage de m'ouvrir, écrit Béchamp, la *Revue médicale* pour y défendre la théorie du microzyma. Il m'obligea de réclamer, au nom de la science et du droit, contre des procédés, que sa loyauté blâmait et que sa plume, dans une circonstance particulière, jugea sévèrement avec l'indignation de l'honnête homme (2).

---

(1) *La théorie du microzyma et le système microbien*, Lettres à M. le Dr Édouard Fournié, précédées d'une préface par A. Béchamp, Paris, 1888 ; préface, p. 26.

(2) *Revue médicale française et étrangère*, Paris, 10 janvier 1885, t. I, p. 41.

Commencement d'une controverse

Béchamp n'était pas prolixe ; mais il ne savait pas être bref. S'il parlait, c'était toujours avec conviction. Il était tellement plein de son sujet, que son verbe devenait abondant. Les lettres, qu'il écrivit à Edouard Fournié, devaient primitivement être peu nombreuses ; mais, peu à peu, il fut amené à ne faire grâce à aucune des erreurs, des préjugés, qui servent de dogmes dans les doctrines microbiennes (1).

Les six premières lettres ont paru dans la *Gazette médicale de Paris*. Puis, De Ranse a pensé que les communications académiques et les lettres ont laissé le gros public indifférent.

C'est peut-être parce qu'étant ce qu'il est, on a jeté au gros public quelque appât dont il s'est avidement saisi.

D'ailleurs, s'il lit volontiers, il n'étudie guère ; et ordinairement (il lit) sans rien approfondir.

Ce public, pourtant si intelligent, n'est frappé que de ce qui demande peu d'effort pour être compris. On lui dit que l'intérieur de notre corps est quelque chose de plus ou moins semblable au contenu d'un

---

(1) *La théorie du microzyma et le système microbien.* Lettres à M. le Dr Edouard Fournié, directeur de la *Revue médicale française et étrangère*, précédées d'une préface ; préface, p. XXVII et sq. Paris, 1888.

vase rempli de vin ; que cet intérieur ne se gâte, — que nous ne devenons malades, — que parce que des germes, primitivement créés morbides, y pénètrent (venant) de l'air et y deviennent microbes (1).

Il ne sait pas si c'est vrai ; il ne sait pas même ce que c'est qu'un microbe, ni la valeur de ce mot ; mais il l'admet sur la parole du maître. Il le croit parce que cela est simple et facile à entendre. Il le croit ; et il répète que le microbe rend malade sans s'enquérir davantage ; car il n'a ni le loisir, ni peut-être, souvent, l'aptitude à approfondir ce que l'on propose à sa foi (2).

Je m'assure que, s'il trouve les doctrines microbiennes admirables, c'est qu'il n'en connaît pas les dogmes ; ou c'est qu'il n'a pas même cherché à les discuter.

Mais certainement M. Pasteur n'est pas comme le gros public. Lui n'est pas resté indifférent ; il me l'a assez fait voir depuis vingt ans que dure notre dispute. Il a clairement vu, lui, où tendait la théorie du microzyma ; et mon argumentation ne lui a pas paru futile.

---

(1) Le mot *microbe* a été un succès. Substitué au mot « miasme », il désignait quelque chose de visible, de pondérable. Pour le public, c'était une garantie de réalité.

Personne n'a songé que les nuages, eux aussi, sont visibles. mais ils sont fugaces...

Béchamp a démontré que les microbes ont une réalité quand ils sont *microzymas* ; puis il a dégagé le problème de plusieurs généralisations néfastes.

(2) Béchamp savait quel contraste il y a entre la crédulité de surface et la foi profonde en une vérité, laquelle conduit l'homme sincère à pratiquer l'acte de justice.

On jugera de sa manière de discuter par cette courte histoire : « C'était l'année dernière (1886) : M. Cornil venait d'attaquer à fond de train, non sans s'armer d'arguments mythologiques, une communication que je venais de faire à l'*Académie de médecine* ; et je lui avais répondu, lorsque, à ma grande surprise, au lieu de M. Cornil, ce fut M. Pasteur qui se leva pour me donner la réplique (1).

Dans la discussion sur les ptomaïnes, les leucomaïnes et leur rôle prétendu pathogénique, qui durait déjà depuis quelque temps, j'étais intervenu pour redresser certaines assertions hasardées, réclamer contre certaines propositions qui me touchaient de près, et rétablir dans leur vérité certains points de l'histoire scientifique contemporaine, singulièrement travestis. — D'ailleurs, M. Peter, dans un de ses discours, lumineux comme il sait les faire, avec sa haute compétence, argumentant en médecin contre les doctrines microbiennes, avait invoqué une de mes expériences démontrant que des bactéries peuvent naître à même les tissus vivants, c'est-à-dire sans aucun apport de germes extérieurs (2). M. Cornil s'était levé pour interpréter autrement cette expérience ; et il m'avait vivement attaqué, soutenant que j'étais seul de mon opinion (3). C'est alors que M. Pasteur a donné.

(1) *Bulletin de l'Académie de médecine*, Paris, séance du 4 mai 1886... « Qu'avais-je donc dit qui exigeât le remplacement de M. Cornil par le maître? Peut-être n'est-ce pas difficile à expliquer. Dans tous les cas, il ne paraît pas que M. Pasteur soit resté indifférent (p. XXIX.) »

(2) Le problème était bien posé.

(3) Pour être clair, j'avais parlé des matières albumi-

Il est apparu superbe comme Jupiter olympien (1)... Je ne veux pas dire mon impression ; je laisserai parler les faits.

M. Pasteur, en stratégiste rusé et tacticien habile, ne sachant que répondre, a d'abord fait une diversion et dirigé d'un autre côté l'attention des auditeurs ; puis, se rejetant sur des équivoques, il a tenté de troubler l'adversaire (2).

Par exemple, au lieu de défendre ses doctrines microbiennes, — dont j'avais dit qu'elles reposent sur des hypothèses érigées en dogmes, dont aucune n'avait été vérifiée ; que, par conséquent, c'était gratuitement et sans preuve qu'il croyait à une pan-

---

noïdes et de leurs transformations ; de la cause de la fermentation et de l'origine des vibrioniens ; et, enfin, de la fermentation considérée comme phénomène de nutrition.

Naturellement, il avait été question des erreurs séculaires... ; naturellement aussi la théorie du microzyma a été opposée aux doctrines microbiennes dans mes remarques à la réponse M. Cornil à M. Peter.

J'avais mis, en aussi vive lumière que je l'avais pu, l'objet précis de mon désaccord avec M. Pasteur, et très explicitement énoncé l'ensemble des dogmes de la doctrine de mon savant contradicteur pour en montrer les impossibilités. Enfin, dans ma réponse à M. Cornil, j'avais mis les points sur les *i*. (*Préface*, 1888 ; p. XXIX, XXX.)

(1) A quarante ans d'intervalle, l'expression peut être mal interprétée par ceux qui n'ont vu, ni entendu, l'un, ni l'autre, à la tribune de l'Académie de médecine. Elle est cependant très exacte.

C'était un contraste saisissant, avec la simplicité accueillante de Béchamp, qui savait prendre une attitude de bonhomie sans diminuer sa dignité.

(2) Voir sur cette discussion : *Microzymas et microbes*, etc. ; Paris, J.-B. Baillière, 1886.

spermie morbifique primitive, c'est-à-dire contemporaine de la création des êtres vivants, — il a simplement exprimé son sentiment sur la nature des microzymas et sur l'histoire de mes idées :

« Le microzyma, a-t-il dit, est pour moi un être purement imaginaire (1) ; c'est la molécule organique de Buffon. »

« Je connais bien, a-t-il ajouté, l'histoire des idées, par lesquelles a passé M. Béchamp. »

Bien que je sentisse dans quelle intention M. Pasteur lançait le second propos,... par respect pour l'Académie, je ne l'ai pas relevé ; car j'aurais eu à dire de trop dures vérités à son auteur (2).

M. Pasteur a un intérêt très grand à faire croire qu'il a la priorité dans les études contemporaines touchant les ferments et l'application de ses recherches à la physiologie et à la médecine.

Déjà, au *Congrès médical international de Londres*, il avait osé assurer que mes études procédaient des siennes et que je m'étais inspiré de ses idées et de ses travaux. A Londres, où le motif qui m'arrêtait à Paris ne m'empêchait pas de répondre, je l'ai provoqué à une explication publique, le mettant au défi de prouver son assertion ; mais il se déroba et disparut de la salle.

Le *Times* a conservé la trace de l'incident.

---

(1) Il faut reconnaître ce qu'il y a d'injurieux à qualifier *purement imaginaire* un objet, que Béchamp a montré maintes fois, et dont la réalité a été prouvée par ses manifestations fonctionnelles, c'est-à-dire vitales.

(2) Mais ce que je n'ai pas fait alors (1886), il faut le faire aujourd'hui (1888), ajoute Béchamp (p. XXXI).

Je ne veux pas porter une accusation aussi grave que celle que mériterait la conduite de M. Pasteur ; mais je soutiens que ce savant a au moins vérifié mes découvertes et qu'il appliqua, souvent à contre-sens, la théorie du microzyma.

Le lecteur bienveillant, qui voudrait de plus amples éclaircissements sur cette affaire, les trouvera dans l'avant-propos de l'ouvrage, où j'ai exposé l'histoire des microzymas (1).

Faisant allusion à la panspermie microbiotique, j'avais demandé à M. Cornil que, sans remonter à l'origine des choses, l'on me montrât, dans l'air commun, le germe d'un microbe morbifique quelconque, celui du charbon, du vaccin, de la variole, de la fièvre typhoïde, du choléra, de la tuberculose, de la syphilis, de la rage, etc. M. Pasteur m'avait écouté.

Au lieu de répondre..., il a usé de la même tactique. Il s'est borné à énoncer le lieu commun que voici : « ... Dans les sciences d'observation, il importe que les théories s'appuient sur des faits démontrables et bien observés. » Cela était simplement pour faire croire que la théorie du microzyma ne satisfait point à cette condition ; tandis que la présence des germes morbifiques dans l'air commun était, non seulement un fait bien observé, mais démontrable : — ce qui est une assertion, dont l'audace dépasse toute mesure (2).

---

(1) *Les microzymas* dans leurs rapports avec l'hétérogénie, l'histogénie, la physiologie et la pathologie, etc.; Paris, J.-B. Baillière, 1883.

Béchamp renvoie, en outre, aux *Lettres à Fournié*, particulièrement à la troisième et à la dix-septième.

(2) L'audace dans la diversion est une ruse banale dans les milieux parlementaires.

Il en a été ainsi de tout le reste.

Sur le point précis de notre désaccord et qui intéressa si vivement ses doctrines, savoir : la naissance des vibrioniens à même les tissus vivants et l'altération spontanée des matières organisées, que j'affirme et qu'il nie (1), je disais que ni lui, ni ses disciples, n'avaient pu contredire, par une expérience nette et décisive, ces deux faits ; mais, qu'au contraire, ils les avaient vérifiés.

J'avais rappelé que, comme membre de l'Académie des sciences nommé pour examiner le mémoire d'Alphonse Guérin concernant les pansements ouatés, M. Pasteur n'avait pas vu des microzymas, ni des bactéries, ni des vibrions, dans le pus sous le bandage, tandis que Gosselin avait parfaitement vu (2), et les microzymas sous la dénomination de corps mouvants, et les bactéries, vérifiant ainsi le fait, que la théorie du microzyma avait fait découvrir, que les microzymas se trouvent toujours et le plus souvent des bactéries dans le pus, malgré les pansements ouatés ou antiseptiques à l'acide phénique.

Dans les milieux scientifiques, elle ne passe pas toujours sans soulever des protestations.

Tel était le prestige de Pasteur que les académiciens compétents, d'ailleurs peu nombreux, préféraient le silence à l'initiative d'une réflexion dubitative, à plus forte raison à une controverse pour rappeler à la question.

(1) On remarque la netteté de Béchamp pour circonscrire la question et pour la maintenir sur son vrai terrain.

(2) La scène s'est passé en 1874 à l'Hôtel-Dieu de Paris. Elle est exactement rapportée par Béchamp. En 1926, il reste encore au moins deux témoins pour en dire la sincérité.

J'avais aussi revendiqué la découverte de la *théorie de l'antisepticité*, dont le principe est appliqué dans la méthode du pansement de Lister et si largement dans la pratique médicale. Cette théorie, M. Pasteur se l'attribue (1) ou se la laisse volontiers attribuer.

Qu'a répondu mon adversaire?

Il a répondu par une équivoque :

« Je ne connais pas une seule expérience, dit-il, qui puisse faire admettre que les granulations moléculaires, que nous connaissons tous, et que M. Béchamp décrit sous le nom de microzymas, se soient transformés en microcoques, en torulas, en bactéries, en vibrions, en cellule de levure de bière. »

Il y a là, — et M. Pasteur le sait bien, — non seulement une équivoque, mais (aussi) une contre-vérité.

L'équivoque est celle-ci ; certains savants, et plus tard M. Pasteur, ont appelé *micrococcus*, microcoques, les granulations moléculaires, que j'avais depuis longtemps nommées microzymas et caractérisées comme tels dans l'air d'abord, dans la craie ensuite, et enfin dans certaines fermentations, puis dans les cellules, les tissus et les humeurs des êtres vivants.

J'ajoute que certains partisans de M. Pasteur, après avoir dit que les microzymas étaient des micrococcus, voire des spores de bactéries, ont par-

(1) On se répète cette allégation les uns après les autres, sans se demander où, quand et comment on peut légitimement l'attribuer à M. Pasteur.

On en est réduit à invoquer des périphrases pour le profit de la doctrine du parasitisme.

On suit ce qui est en vogue, sans se soucier de la raison, ni de la justice.

faitement reconnu qu'ils pouvaient devenir bactéries ou vibrions. Ce que M. Pasteur appelle *torula* n'est souvent qu'une phase de l'évolution bactérienne de ces microzymas (1).

Quant à la transformation des microzymas en cellules de levure, M. Pasteur sait bien que j'ai prouvé le contraire ; et qu'il a énoncé là une contre-vérité.

Mais M. Cornil lui-même — il est vrai que c'est en niant implicitement le dogme pasteurien (2) de la fermeture du corps, — voit maintenant les microzymas, sous le nom de microcoques, dans les cellules mêmes, où auparavant il ne les voyait pas, les tenant alors pour des granulations moléculaires de protoplasma, en leur attribuant une origine aérienne et les nommant microbes.

Mais il y a aussi quelque inconséquence dans la tactique de mon savant adversaire (3). Par exemple,

(1) *Microzymas et microbes* ; Paris, J.-B. Baillière, 1883.

(2) Cette variation sur un des principes fondamentaux de la doctrine de Pasteur aurait dû mettre un terme aux prétentions d'absolutisme de ceux qui ne voulaient tenir compte que du parasite.

En démontrant l'importance de la valeur du *terrain biologique* de l'organisme, qui reçoit le parasite, Béchamp a éclairé l'autre côté du problème. Grâce à ses persévérantes études, on pourra préserver le terrain de sa réceptivité, entraver sa fertilité et parfois réparer les dégâts du parasitisme.

Les outranciers ont renouvelé l'erreur de l'ours aux dépens de l'amateur de jardins.

Tout en luttant contre le parasite, il faut réconforter l'organisme humain et le doter d'une résistance efficace contre les éléments destructeurs venus du dehors.

(3) L'engouement était tel, que les contemporains n'ont pas su tenir compte de l'argumentation serrée de Béchamp.

pour lui, les microzymas sont — à la fois *imaginaires* comme les molécules organiques de Buffon, — et *réels* comme les granulations moléculaires, — qu'il disait connaître, mais qu'il avait méconnues auparavant. Pour le succès de sa tactique, l'inconséquence était sans doute nécessaire.

Cependant lui, qui ne se doutait pas des granulations moléculaires, se doutait-il de celle des molécules organiques, et de la nécessité philosophique, qui les avait fait imaginer par le génie de Buffon? (1).

(1) Buffon était ennemi des qualités occultes dans la matière.

Abstraction faite de cette nécessité, les molécules organiques sont certainement imaginaires dans le sens que nous attachons aujourd'hui au mot *organique*. Mais, philosophiquement, Buffon les croyait aussi nécessaires que Ch. Bonnet croyait nécessaires les germes préexistants et universellement disséminés.

J'ose l'assurer, ajoute Béchamp (*préface*, 1888, p. XXXIV) fondé sur l'expérience, les germes morbifiques préexistants, dont M. Pasteur a emprunté l'idée au P. Kircher, jésuite, sont bien autrement imaginaires, sans avoir pour excuse une nécessité philosophique !

M. Pasteur ne sait peut-être pas, — autrement, il ne se serait pas exprimé comme il l'a fait —que les molécules organiques, pour Buffon, n'étaient pas du tout ce qu'il croit.

Selon l'illustre naturaliste Buffon, le mot *organique* avait le sens de *construire*, *édifier*. Il admettait, en effet, d'accord avec l'idée qu'on avait de son temps de la matière, des molécules organiques pour faire les parties des animaux ou des végétaux, autant que pour faire un cristal de sel marin, d'alun, etc. Dans ce sens, pour lui, — et, en un certain sens, pour nous, — elles n'avaient rien d'imaginaire.

Je le répète, insiste Béchamp, les germes morbifiques pasteuriens sont aussi imaginaires que les molécules organiques de Buffon et que les germes de Bonnet, sans la même nécessité

La craie a été, pour M. Pasteur, la source d'une autre équivoque.

Ayant étudié la craie et d'autres calcaires au point de vue de leurs rôles dans les fermentations lactique et butyrique, j'y découvris, dit Béchamp, les mêmes granulations que dans l'air et dans diverses autres expériences. C'est en publiant le résultat de cette étude que le mot *microzyma* a été écrit, pour la première fois, dans les *Comptes rendus* (1).

Or, voici ce qu'a dit M. Pasteur à l'*Académie de médecine* : « La théorie du microzyma a débuté par un fait extraordinaire. On aurait trouvé l'existence, dans la craie des carrières de Meudon, d'un organisme vivant, le *microzyma cretæ*, lequel pourrait se transformer en bactéries, en des microbes et des ferments. »

C'est clair, mais c'est inexact (2).

D'abord, pour extraordinaire que soit un fait, cela ne prouve pas qu'il soit faux.

En second lieu, si M. Pasteur n'avait pas été sous l'empire de sa préoccupation, il aurait vu que l'addition de l'adjectif *cretæ* était pour distinguer ce micro-

---

philosophique, tout en aboutissant aux mêmes conséquences.

En effet, selon l'un, les molécules organiques devenaient tel ou tel être en pénétrant dans tel ou tel *moule intérieur*. — Selon l'autre, les germes produisaient l'être en entrant dans une matrice appropriée. — Où est la différence pour les germes morbifiques?

La voici : le germe morbifique, en s'introduisant dans tel ou tel organisme, devient tel microbe; et il procure la maladie et la mort au lieu de procurer la vie !

(1) *Comptes rendus des séances de l'Académie des Sciences*, Paris, 1866, t. LXIII, p. 451.

(2) Béchamp se sert d'une expression atténuée pour dénoncer une contre-vérité.

zyma de ceux que j'avais antérieurement reconnus (1).

En troisième lieu, ce n'est pas sur la craie de Meudon que j'ai d'abord expérimenté, mais sur un bloc qui avait été extrait pour moi dans les carrières de Sens (2).

Enfin, s'il est vrai que les microzymas de la craie de Sens peuvent devenir bactéries, il est absolument faux que j'aie jamais dit qu'ils pourraient se transformer en *microbes* je ne sais lesquels, et en des *ferments*, je ne sais pas davantage lesquels (3).

Ah ! je comprends que les microzymas de la craie embarrassent M. Pasteur. C'est que, dans plusieurs de ses expériences, il a employé la craie au lieu de carbonate de chaux pur ; et que, par là, elles sont entachées de légèreté.

A l'Académie, je n'ai pas voulu donner ces éclaircissements pour ne pas permettre à M. Pasteur d'égarer la discussion ; et je l'ai ramené à la question, en lui parlant de ses propres expériences, dont j'avais contesté l'interprétation et (surtout) la signification qu'il leur avait donnée.

---

(1) C'était le temps où Pasteur était tellement flagorné par son entourage, qu'il a failli être victime d'une sorte d'idée fixe : celle du parasitisme en tout et partout.

(2) Il peut fort bien se faire que les microzymas de la craie de Meudon soient autres que ceux de la craie de Sens Et, si cette opinion paraissait encore plus extraordinaire à M. Pasteur, je la lui expliquerais. (Béchamp, 1888, *préface* p. XXXV.)

(3) Cette fois un démenti était nécessaire. Il fallait rétablir la vérité.

Pour exonérer M. Pasteur, on peut admettre qu'il y avait des confusions dans son esprit.

Depuis longtemps, même en présence de son auteur, à Londres, j'avais contesté la signification qu'il avait donnée à son expérience sur le sang. Je soutenais que ce liquide s'altérait dans l'air pur ; et que, par suite, il n'avait pas prouvé que l'intérieur de l'organisme était comparable au vin ou à la bière ; ni que, dans l'état de santé, le corps était fermé à l'introduction des germes de l'air. A cela qu'a répondu M. Pasteur ? Il a reconnu, enfin, que le sang de son expérience s'était altéré, sans doute, « mais que ses transformations se font sous l'influence de l'oxygène de l'air. » Ce qui est aussi parfaitement inexact : les transformations se font sous l'influence des microzymas du sang, que M. Pasteur n'avait pas vus, pas même sous la forme de granulations moléculaires.

En m'appuyant exclusivement sur des faits démontrés et démontrables, j'avais eu le droit de dire, en présence de M. Pasteur, dans ma réponse à M. Cornil ou dans ma communication : 1° que le système microbien ne reposait que sur de vieilles erreurs et sur des expériences mal interprétées, ou des faits ressortissant à la théorie du microzyma ; 2° que les expériences de M. Pasteur et celles de ses partisans, dans ce qu'elles ont d'exact, vérifiaient ma démonstration de l'altérabilité spontanée de la matière organisée, et celle de la naissance des vibrioniens à même les tissus ; et que, par suite, ce qu'il y avait d'expérimental dans le système procédait de mes travaux ; 3° que, selon le système, s'il était vrai, toutes les expériences d'inoculation tentées par M. Pasteur étaient encore plus téméraires qu'elles ne sont empiriques ; 4° que, pour la dignité de la science et de la raison, il était temps que les doctrines microbiennes fussent abandonnées.

Au lieu de défendre sa doctrine, il s'est réfugié, une fois de plus, dans l'équivoque.

M. Pasteur voulait de moi une expérience. Je lui ai répondu : « Quant à vous fournir une expérience, je vous oppose les vôtres : celle sur le sang et celle concernant la viande entourée d'un linge imbibé d'alcool, pour arrêter les germes de l'air, et au centre de laquelle naissent des bactéries que vous n'avez pas vues. »

« — Mes expériences ne sont pas en jeu, a dit M. Pasteur ; et je ne sais ce que vous voulez dire en parlant d'une expérience de moi sur la viande.

« — Elles sont le fond même du débat, ai-je répliqué. Elles ruinent votre système et confirment ma théorie. »

L'expérience sur la viande, dont le rappel a si fort importuné mon savant contradicteur, est contemporaine de celle sur le sang, qu'il avait si mal interprétée, ce que je l'ai obligé de reconnaître, et qu'il explique, après coup, tout aussi mal.

On la trouvera dans le tome LVI des *Comptes rendus* pour l'année 1863.

Si M. Pasteur veut qu'on l'oublie, c'est parce qu'elle ne vérifie pas son système, c'est parce qu'elle ruine son système, en confirmant la théorie du microzyma.

Ma situation vis-à-vis de M. Pasteur est singulière ; mais ce n'est pas moi qui l'ai créée.

Je suis désolé que la défense de mes travaux ait l'apparence d'une polémique contre lui. Mais, si je tiens beaucoup à honorer M. Pasteur, j'aime encore mieux ne pas trahir la science et la vérité.

Or, pour rendre hommage à la vérité, il faut bien reconnaître que M. Pasteur n'a pas fait triompher les expériences, à l'aide desquelles il avait cru donner une apparence scientifique à ce que lui-même a appelé les doctrines microbiennes.

Il n'a rien dit de la préexistence des germes morbifiques, que j'avais niée.

Mes arguments, mes objections et mes démonstrations restent entiers.

M. Pasteur a beau railler ; la raillerie et une pirouette ne sont pas des raisons.

J'ai donc de plus en plus le droit de soutenir que M. Pasteur reste un sectateur des erreurs séculaires qui sont à la base de ses doctrines ; que, loin de les combattre, il les soutient de son nom et de sa position.

En conséquence, je tiens pour scientifiquement démontré que les doctrines microbiennes n'ont d'autre fondement que de gratuites hypothèses, et que ses tentatives actuelles sont marquées au coin de l'empirisme le plus absolu. — Massevaux (Alsace), le 22 septembre 1887, A. Béchamp.

Les appréciations du Docteur Hector Grasset de Rouen

Pour calmer les controverses de la période de fondation des Facultés catholiques, chacun fait le silence sur les difficultés. On s'est privé d'en écrire ; on a même évité d'en parler. Ainsi s'explique, qu'au bout de cinquante et un ou cinquante-deux ans, on ne sait plus ce qui s'est passé. Les témoins n'y sont plus ; et l'oubli s'est fait d'autant plus complet que la bonne intention des controversistes était de plus en plus avérée.

A Lille, le silence a pesé plus lourdement qu'ailleurs. A Paris, tous les souvenirs se sont perdus dans le tourbillon de la grande ville. Il a fallu le prestige des écrits de Béchamp pour qu'un travailleur de Normandie fasse sortir de l'oubli tous les trésors de ses démonstrations. M. le Dr Hector Grasset a entrepris de faire connaître les grandes lignes de l'œuvre de Béchamp ; mais il n'a jamais été mêlé à sa vie. Dans deux brochures d'abord, en 1899, puis en 1913, il a dit hâtivement les déboires de celui qui a tant travaillé pour soutenir la vérité technique, dont il était le témoin. Il a cherché à retracer la lutte de Béchamp contre ses ennemis scientifiques. Cependant, lui-même l'écrit : « Je n'ai pas été son élève ».

« Je n'ai connu ses travaux que d'une façon indirecte ; et j'ai été amené à les apprécier en recherchant la genèse de la science contemporaine.

« Si j'ai été séduit par l'immense portée de ses recherches, j'ai été plus profondément étonné de voir l'incompréhension presque générale de ses idées parmi les savants actuels, quand il n'y avait pas mauvaise foi évidente ou ignorance absolue.

« Si, donc, je prends sa défense, je ne puis être taxé de parti pris.

« D'ailleurs, beaucoup de ceux qui ont compris sa théorie, qui ont essayé de la mettre en relief, n'étaient pas de son école (1) !

« Je n'ai guère connu l'homme, ne l'ayant vu que trois ou quatre fois, après avoir fait son éloge.

« Il m'en voulait un peu d'avoir considéré sa théorie comme une base du transformisme, et de l'avoir fait dévier vers les idées évolutionnistes ; car il fut un ennemi acharné et convaincu de l'évolution et du matérialisme. »

C'est donc en controversiste que M. Hector Grasset (de Rouen) présente son premier travail intitulé : *Un savant méconnu, A. Béchamp* ; extrait de l'*Opinion médicale* (Paris, imprimerie A. Quelquejeu, 10, rue Gerbert, 1899, 15 pages).

J'ai lu, avec grand intérêt, écrit-il, les articles de la lutte courtoise engagée dans l'*Opinion médicale*, entre mes confrères les Drs Boucher et Chabalier ; et je ne regrette qu'une chose, c'est que l'autorité régnant actuellement en médecine, cause de déca-

(1) *L'Œuvre de Béchamp*, Paris, 1913, p. 1.

dence de notre art, ait fait disparaître de notre horizon ces discussions toujours intéressantes et fructueuses.

Quand la controverse n'existe plus, c'est que la science est monopolisée par une secte qui hypnotise les esprits au moyen d'une idée simpliste. L'histoire des sciences, et surtout celle de la médecine, le prouve surabondamment.

Quand on ne veut pas discuter avec les adversaires des théories régnantes, quand on fait la conspiration du silence, c'est que, par un orgueil vaniteus, on se croit en possession de la science suprême et qu'on oublie la tradition qui nous enseigne pourtant que tout est fugace et que la science subit une faillite périodique.

Il y a des évolutions qui sont des reculs ; et ces phases coïncident presque toujours avec les époques où l'explication des faits s'appuient sur des théories, qui semblent péremptoirement établies par la science expérimentale.

Plus la science se croit sûre d'elle-même, plus elle est proche d'un bouleversement complet.

Les théories sont toutes précaires ; mais, comme elles répondent à un besoin de notre esprit, et parce qu'elles sont nécessaires à notre activité individuelle et intellectuelle, nous devons les accueillir toutes à une discussion longue, impartiale, et avec une bonne foi évidente.

Celles qui paraissent les plus mauvaises ne sont pas inutiles, en ce sens qu'elles nous font souvent découvrir de nouvelles voies. Je ne veux pas poser au prophète ; mais, comme mon confrère, le Dr Boucher, je suis persuadé, qu'avant vingt ans, la médecine sera débarrassée de la théorie parasitaire, qui n'a rien de scientifique et de rationnel ; et qui, par conséquent marque un arrêt dans les progrès de l'art, malgré les nombreux faits dont elle a provoqué l'étude.

La science n'est pas plus avancée qu'il y a deux mille ans. Les idées sont toujours les mêmes, qu'enfantent, avec une alternance plus ou moins régulière, nos cerveaux limités par notre nature même.

Ne nous montons pas le cou. Convenons que notre cérébralité est nécessairement bornée ; et que la connaissance des causes premières restera toujours obscure pour nous.

Je vais probablement soulever un tolle général; mais je ferai remarquer qu'il ne faut pas se payer de mots et confondre science et art. Si la première est impuissante, le second progresse continuellement par l'accumulation de l'expérience. Et les esprits superficiels prennent souvent l'un pour l'autre. Il y a même des«soi-disant» savants qui ont intérêt à pousser à cette confusion pour se donner une importance plus considérable et pour s'élever au-dessus du commun (p. 3-4).

La médecine, qui est le dernier des arts et le plus piteux des métiers, a malheureusement des prétentions à la science (Dr H. Grasset, p. 4).

Connaître la cause de la maladie, qui n'est qu'une déviation de l'évolution normale, indique la nécessité de connaître l'essence de la vie, ce à quoi nous n'arriverons jamais. La vie, c'est le mouvement perpétuel. Nous devons donc nous borner — le champ est vaste et difficultueux — à trouver quelles sont les causes qui modifient la marche ordinaire de notre existence, et à les éviter par une hygiène et un régime diététique convenables.

La théorie parasitaire, à laquelle se rallie M. Chabalier, avec la grande majorité des confrères qui la trouvent facile et commode, est antiscientifique et antiphilosophique ; car elle suppose qu'à côté de tout être vivant en existent d'autres, dont le but essentiel est de rendre celui-ci malade et de compromettre son évolution. La lutte pour la vie, si manifeste pour les médecins, ne se rencontre pas dans la nature au degré que nous ont indiqué Darwin et ses émules.

D'un autre côté, M. Boucher modifie l'idée purement philosophique du vitalisme par l'introduction de celle d'une fermentation vague, qui la vicie dans sa pureté et ne la rend pas plus précise.

Le vitalisme exprime par un mot l'essence inconnue de la vie.

Le parasitisme est une interprétation faussée des faits.

Je ne veux pas philosopher plus longtemps sur ces questions... ; mais je veux raconter la vie d'un savant méconnu, dont les idées peuvent rallier les suffrages des confrères et les amener sur un terrain commun.

Cette histoire, douloureusement vécue, montrera comment on peut se faire un nom en accaparant et modifiant les idées des autres, comment, en les détournant de l'esprit scientifique qui les a conçues, on les dénature pour former une théorie simpliste séduisante, cause d'arrêt dans le progrès ; comment avec la complicité des Sociétés et Académies d'encensement mutuel, on arrive à étouffer les productions d'un esprit supérieur (p. 4).

Plus importante est une brochure de 115 pages : *L'Œuvre de Béchamp* (Pierre Jacques Antoine) par le Dr Hector Grasset, licencié ès-sciences physiques, 2e édition, revue et augmentée; Paris, librairie Jules Rousset, 1913. L'auteur n'est pas catholique : il le prouve et il se range parmi les adversaires de la Faculté catholique de Lille. Son témoignage n'est certes pas suspect de complaisance.

Nous arrivons, écrit-il (p. 62), à une époque qui fut fatale à l'avenir de Béchamp.

L'intervention de l'élément religieux dans les doctrines scientifiques, si intense sous le second empire (1), fit une recrudescence sous la troisième république ; nous (H. Grasset) devons le signaler en ce travail pour y montrer le rôle d'A. Béchamp. En décembre 1872, Ch. Robin avait été exclu de la liste du jury, par le juge de paix du VIe arrondissement de Paris, sous prétexte qu'il ne croyait pas en Dieu (2). Au

---

(1) L'Église ne fait pas intervenir l'élément religieux dans les doctrines scientifiques. Elle est dépositaire d'un certain nombre de vérités, qui lui sont connues par la Révélation. La création du monde est une de ces vérités. La création particulière d'Adam et d'Ève en est une autre.

C'est en vain que la théorie du transformisme a entrepris d'y substituer ses hypothèses; cette théorie, de plus en plus périmée, n'a pas infirmé la doctrine de la création par Dieu Tout-Puissant.

La recherche des vérités scientifiques est libre dans l'Église catholique romaine ; elle y est même encouragée.

(2) Au xxe siècle, c'est le contraire. Il y a beaucoup de fonc-

prochain cours suivant qu'il fit à la Faculté de médecine, les étudiants le vengèrent en organisant, en sa faveur, une manifestation sympathique bruyante. Dupanloup, évêque d'Orléans, envoyait sa démission à l'Académie française, ne consentant pas à être le collègue du positiviste Littré. En juin 1875, à la tribune de l'Assemblée nationale, il voulait qu'on poursuivît ceux qui prononçaient des discours transformistes ou qui, en histoire, avaient l'audace de décrire les influences néfastes du christianisme fanatique (1). La même année, l'abbé de Broglie, aumônier de l'École normale d'instituteurs de la Seine, ne pouvant souffrir Menu de Saint-Mesmin, le directeur, parce qu'il n'était pas pratiquant, le fait révoquer, sous prétexte qu'il avait enseigné que « la pensée est une sécrétion du cerveau » (2).

---

tionnaires d'État qui excluent les catholiques et les simples chrétiens, sans autre motif que leur religion, qui croit en Dieu et le sert sincèrement.

(1) Par ces expressions, l'auteur révèle un esprit sectaire ; car toute l'histoire témoigne du zèle inspiré par une *charité* parfois héroïque, et habituellement tenace pour relever les œuvres humanitaires et sociales, lorsqu'elles ont été ruinées par les guerres ou les révolutions.

(2) Selon Hubert Bourgin, il est terrible pour un peuple, d'être gouverné par des hommes sans caractère ; l'est-il moins d'être gouverné par des hommes qui ne comprennent pas ou qui ne veulent pas comprendre? Il n'est pas moins dangereux de confier l'éducation à des hommes qui ne veulent pas comprendre.

L'aumônier a besoin de la conscience à la base de toute sa fonction religieuse. Or, une sécrétion est inconsciente. Donc, il y a incompatibilité entre la religion et un directeur qui enseigne que la pensée est une sécrétion du cerveau.

En 1875, s'organisèrent, en France, les Facultés catholiques, dont le programme était l'anéantissement des acquisitions de 1789, l'omnipotence de l'Église, la suppression du mariage civil, la suppression de la liberté des cultes, le rétablissement des provinces, des corporations, des classes sociales, etc. (1). La formule du serment, qu'on imposait aux professeurs de ces Universités, était l'obéissance absolue au pape et à ses décrets, le rejet des doctrines contraires à celles admises par l'Église, etc.

Ce n'était pas seulement en France que l'intolérance religieuse avait tendance à lever la tête (2), mais en Angleterre, en Belgique. En octobre 1873, à l'Académie de Bruxelles, Van Beneden, faisant un rapport sur un voyage zoologique, eut le malheur de parler des croyances de certaines peuplades, et, dans une seule phrase bien anodine, de les comparer à la fable de Jonas : deus académiciens, Henry et Gilbert, protestèrent qu'on attaquait leurs convictions religieuses ; ils se retirèrent après avoir essayé de déchaîner (3) une discussion.

---

(1) L'énumération est caractéristique pour preciser l'œuvre satanique de la Révolution et pour faire comprendre que le relèvement du Catholicisme en France est le but salutaire des Facultés catholiques, et tout spécialement de la Faculté catholique de médecine et de pharmacie.

(2) Selon ce sectaire, la revendication des libertés religieuses est une « intolérance ».

Il ne *tolère* pas que la Religion vraie ait une tendance, *une* simple tendance à lever la tête vers Dieu.

(3) Dans les Sociétés scientifiques de bonne tenue, on ne peut pas *déchaîner* de discussion. On l'ouvre ; on la soutient ; on la développe ; parfois on la conclut ; jamais on ne l'en-

En 1877, les professeurs de l'Université de Louvain étaient informés qu'à l'avenir ils auraient à faire précéder leurs leçons d'une invocation au Saint-Esprit et d'un signe de croix. Cela nous reportait presque en 1640, où Guillaume Duval, nommé doyen de la Faculté de Paris, introduisit l'usage de réciter, tous les samedis, les litanies de la sainte Vierge, et celles des saints et des saintes ayant exercé la médecine (1).

Nous avons déjà vu (p. 64) que Béchamp avait commencé à mêler quelques questions théologiques à ses conférences ou leçons. Ses tendances (2) s'accentuèrent surtout dans une leçon inaugurale d'un cours de chimie ayant pour sujet : l'origine et l'essence de la matière dans l'état présent de la science. Cette leçon fut publié dans le journal l'*Univers* (3), puis imprimée en brochure par le Comité catholique de Montpellier, avec une lettre d'approbation de l'évêque de Montpellier (4).

En 1876, il publie : le systéme évolutionniste au regard de la science expérimentale. Il n'en fallait pas plus pour attirer sur lui les regards des évêques militants. On le crut bon à balancer (5) la science offi-

---

chaîne par des préjugés ou des partis pris, moins encore par des propos malséants. On ne peut donc pas la *déchaîner*.

(1) Quelques-uns de ces usages ont été repris au XIXe siècle par la Société Saint-Luc, Saint-Come et Saint-Damien.

(2) Ce n'étaient pas des tendances. C'étaient des convictions sincères, loyales, nullement dissimulées, ni atténuées.

(3) 14 et 15 janvier 1876.

(4) Mgr de Cabrières, plus tard devenu cardinal.

(5) Le Dr Hector Grasset se montre souvent cruel pour la science officielle. Son expression *balancer* ne laisse point de

cielle. On l'enrégimenta. Et, en août 1876, les deux Béchamp et Baltus étaient nommés professeurs à la nouvelle Faculté catholique de Lille, avec A. Béchamp comme doyen désigné.

Si Béchamp était resté à Montpellier, peut-être eût-il réussi à se faire rendre justice?

Sa théorie commençait à avoir des adeptes. Pasteur en était encore aux premiers vagissements d'un vague extraordinaire (1). Béchamp venait d'être nommé membre correspondant de l'Académie de médecine. Pourquoi abandonna-t-il la Faculté de Montpellier, le service de l'État, pour se réfugier en un corps antagoniste (2)? Avait-il eu des déboires à Montpellier? Ses dénis de justice avaient-ils commencé à l'aigrir?... Mystère!

D'après ce que j'ai pu savoir de ses élèves, ajoute-t-il, Béchamp avait un cœur excellent. Mais il était susceptible et intransigeant. Caractère difficile! disent quelques-uns... L'un d'eux, des plus célèbres aujourd'hui, m'écrivait en 1900 : « Il n'a jamais eu qu'un tort ; il n'a pas été assez pratique et, tout en restant ferme sur les principes, assez conciliant avec les personnes. Ses idées, rapprochées de celles de Pas-

---

place au respect et à la courtoisie, qu'on se doit entre contradicteurs, pour chercher loyalement et sincèrement ce qui est *vrai*.

(1) Les vagissements appartiennent à la toute première enfance. L'auteur a une intention blessante, puisqu'il les attribue à un langage scientifique.

(2) En 1876, comme depuis la Révolution de 1789, c'est l'État français, qui s'est fait l'antagoniste du Catholicisme

L'Église catholique subit une situation, mais elle s'efforce d'en diminuer les graves et dissolvantes conséquences.

teur au lieu de leur être opposées, auraient été mieux accueillies, plus aimablement discutées et moins volées. Même avec les plus grandes découvertes, il ne faut pas négliger les chaînons qui les rattachent aux découvertes des autres. Nul n'est le détenteur exclusif de la vérité ». C'est très vrai.

Mais Pasteur fut-il conciliant?

Depuis son accident cérébral (19 octobre 1868), son caractère était devenu des plus irritables et injuste envers ses adversaires. Il suffit, pour s'en convaincre, de suivre au jour le jour ses discussions dans tous les recueils scientifiques du temps. Il réussit, parce qu'il était normalien,.membre de l'Institut, souple et politique, aussi bien avec ses collègues de l'Académie qui pouvaient le servir, qu'avec les savants officiels... tout en étant posé comme le défenseur des saines doctrines catholiques.

Pasteur réussit surtout parce qu'il était accapareur et arriviste. Il avait su former, autour de lui, un groupe de jeunes, avides de gloire, éclos aux rayons du nouveau soleil. Pour être juste, il faut dire que ce sont ses élèves qui l'ont en grande partie poussé dans cette voie.

Béchamp, autant que j'ai pu le juger par ses œuvres, par les dires de ses élèves, par les faits et les rares relations que j'ai eues avec lui (1), était un homme d'une foi chrétienne inébranlable, rempli d'amour pour la science, et, se croyant dans la seule voie vraiment scientifique, d'un entêtement remarquable, sans transigeance (2).

(1) Ces relations furent plutôt épistolaires, ajoute M. le Dr Hector Grasset, p. 65.

(2) La conviction de Béchamp était également sincère en

Ses déboires doivent l'absoudre.

Toujours est-il, qu'en 1876, pour l'opposition cléricale (1), Béchamp, bon cœur et mauvais caractère, semblait être le mousquetaire du parti.

C'est bien ainsi, je crois, qu'il le vit. Il crut combattre pour la foi et pour la science, sans arrière-pensée, sans se douter que la création de ces nouvelles Facultés n'était pas un acte scientifique, mais un acte purement politique (2).

Il ne devait pas tarder à s'en apercevoir. N'ayant

matière de Religion, en études et recherches scientifiques, et aussi dans les relations personnelles de toute nature.

Dès que sa conviction était faite, il persévérait droitement vers la vérité, pour la justice, sans aucune atténuation.

(1) L'expression dénote l'anticléricalisme irréductible de M. le Dr Hector Grasset (de Rouen).

(2) En France, tous les partis de l'anticléricalisme se réunissent, depuis 1789, pour pratiquer, ensemble ou séparément, un acte *purement politique*. Cet acte est toujours le même, soit par vexation, soit par spoliation, soit par une autre forme de persécution du Catholicisme.

En France, il n'existe plus de *parti catholique* depuis le 25 juillet 1593. Ce jour-là, dans l'église de Saint-Denis, entre les mains de l'archevêque de Bourges, en présence de neuf évêques, au milieu d'un clergé et d'un peuple nombreux, le prince, Henri de Bourbon, roi de Navarre, a abjuré publiquement l'hérésie protestante. Peu de temps après, il a reçu, à Chartres, l'onction du sacre, selon le rite catholique.

En France, les catholiques sont groupés dans l'Église universelle qui, pour ce motif, se nomme Église catholique. Jamais ils n'ont consenti à la formation d'une Église nationale. Le groupement par diocèses et par paroisses leur suffit, comme il existe et comme il fonctionne, *en liberté*, en d'autres pays de liberté. Ils sont, moins que jamais, résignés à la persécution. Ils revendiquent leurs droits. C'est justice.

pas la souplesse voulue, il fut vite mis à l'écart, même à l'Index (1).

Pasteur avait encore des relations dans le monde influent du catholicisme lillois (2). Béchamp ne fut doyen que de nom. Je n'ai jamais su le fin mot de l'histoire. Le peu que je sais, et qui n'est pas à négliger en la question, est épars dans quelques lettres, qu'il m'écrivit à partir de 1900. Je ne l'ai connu qu'en 1899, après avoir écrit un panégyrique sur lui, sans avoir été son élève.

Béchamp avait envoyé à M. le Dr Hector Grasset deux de ses ouvrages écrits en 1876. Pour expliquer son envoi, il écrivait, le 25 janvier 1900 : « C'est qu'ils sont (ces deux ouvrages)ce qui a appelé l'attention des cléricaux (3) sur moi et qui, hélas ! les a incités à me demander d'aller les aider à Lille. Si, dans la lettre à l'*Univers*, touchant la leçon sur l'origine de la matière, j'ai considéré la théologie comme une science maîtresse, et les théologiens, par consé-

(1) Parce qu'il inscrit le mot avec une majuscule, l'auteur donne à penser que l'un des écrits de Béchamp aurait pu être mis à l'index. Il n'y a jamais rien eu qui puisse justifier cette insinuation blessante et dénuée de compétence.

(2) Cette insinuation ne repose sur rien ; elle n'est pas recevable.

Béchamp a réellement été doyen. Il a exercé cette fonction, comme toutes celles de sa carrière, avec conviction. Il y a mis du zèle, de l'activité, de l'ardeur et parfois de l'impétuosité.

En écrivant inconsidérément sur ce qu'il ignorait, M. Grasset a dévoyé ses lecteurs dans une accumulation d'erreurs, dont plusieurs sont même invraisemblables.

(3) Sous la plume de Béchamp, le mot *cléricaux*, qui a une portée injurieuse, détonne. Vraisemblablement, il a été provoqué par la lettre, à laquelle il était fait une réponse.

quent, comme des maîtres, c'est que j'avais encore des illusions, que le clergé de l'Université catholique de Lille s'est chargé de me faire perdre à jamais, lorsque le recteur de cette Université (1) a voulu mettre le livre sur les Microzymas à l'Index comme matérialiste (2). Tenez donc comme une sottise de ma part l'affirmation de ma lettre à l'*Univers* (3). Je suis resté chrétien aussi complètement que possible (4), mais plus du tout convaincu que les théologiens aiment la science pour la science (5). Il est

(1) Mgr Édouard Hautcœur.

(2) Il n'existe qu'une seule Congrégation de l'Index ; elle est à Rome ; elle ne prend ses décisions qu'avec une grande maturité et pour des motifs, qui excluent toutes les boutades.

Si jamais Béchamp a pu être tenu pour matérialiste, ce n'a été que par un incompétent parlant inconsidérément.

(3) La vivacité de ses impressions le faisait passer parfois d'un extrême à l'autre, non parce qu'il fût versatile, mais parce que l'impression était forte et l'impulsion violente. Son imagination ardente lui exagérait volontiers les sympathies et l'hostilité dont il était l'objet.

Les expressions mêmes de la phrase dénotent une impressionnabilité excessive qui a fait perdre temporairement le sens de la sage mesure.

(4) « Je suis resté chrétien aussi complètement que possible »: telle est la riposte directe à la lettre d'un anticlérical. L'affirmation est nette ; elle concorde avec la sincérité de l'esprit loyal de Béchamp.

Toute la lettre du 25 janvier 1900 n'est qu'une sorte d'encadrement autour de ce centre, qui est une profession de foi.

(5) Il arrive aux meilleurs esprits de ne pas prendre les choses du bon côté. La science, pour Béchamp, repose sur deux bases, l'observation et l'expérience ; il l'aime passionnément pour elle-même, parce que c'est une vérité, dont il se sent illuminé. Le clergé n'était pas préparé à ces sortes de

ainsi avéré que, tenant l'Évangile pour vrai, je tiens, comme Galilée et Lavoisier, pour certain que l'étude désintéressée et approfondie de la nature est la seule voie capable de conduire à la connaissance des choses qu'il nous est donné de connaître. »

Cependant, Béchamp avait fait un discours à l'Assemblée générale des comités catholiques du Nord et du Pas-de-Calais, tenue à Lille, du 16 au 19 novembre 1876, sur l'état présent des rapports de la Science et de la Religion, au sujet de l'origine des êtres organisés, qui auraient dû contenter les plus orthodoxes. « On s'est demandé, messieurs, s'il y a une science chrétienne ! Pour nous, la réponse ne saurait être douteuse ; car nous savons que toute science procède du Verbe, du Verbe, qui « est la vraie lumière « qui éclaire tout homme venant en ce monde ! » Mais, hélas ! tout le monde, chez nous et en Europe, ne croit plus à cette nécessaire vérité. Bien mieux, il y a des savants qui prétendent la ruiner par la science même. Ils osent soutenir que nous sommes les ennemis de la science ! nous ! qui l'avons fondée ! ! (1). Ils nous disent avec audace : « Vous n'êtes pas libres, « vous êtes enserrés dans les bornes inflexibles de « l'orthodoxie, vous n'avez pas l'indépendance néces-

---

fonctions, qu'il n'avait jamais envisagées, spécialement dans le groupe des théologiens.

(1) Ces expressions de Béchamp révèlent la hardiesse de son esprit et l'ardeur de son enthousiasme pour la science.

Habitué à vouloir fortement, un peu ébloui par la vérité, qu'il avait discernée avant les autres, il devenait naturellement impérieux par le ton ; il dominait ceux qui s'attardaient dans la routine des erreurs. Pour défendre la vérité scientifique, il était autoritaire, parfois impétueux.

« saire à la recherche du vrai ; vous avez peur de la « vérité, et, par conséquent, de la science qui en est « l'expression ». Oui, voilà ce que ne craignent pas d'affirmer certains savants ! Je voudrais avoir la puissance de faire toucher du doigt ce que cette affirmation a de monstrueusement faux (1) ».

L'Université catholique, en quelques années, se chargea de faire revenir Béchamp de sa confiance, ajoute M. le Dr Hector Grasset.

Puis, il cite un passage, qui, plus tard, fut tenu pour entaché de l'erreur matérialiste. « Je ne sais pas s'il y a une force vitale (qui préexiste aux organes et leur donne des propriétés qui ne sont pas celles de la matière brute, mais bien des propriétés spéciales aux êtres vivants et qui sont prêtées à la matière organisée pour un temps déterminé, que les conditions de milieu prolongent ou raccourcissent). Non, je ne sais pas cela et n'en ai pas besoin. Mais je sais, à n'en pas douter, qu'au point de vue chimique et aussi physiologique, un végétal, un animal, l'homme lui même, sont des appareils qui ont en eux-mêmes le germe de leur reproduction spécifique et dans lesquels la matière organique, par un phénomène appelé de nutrition, selon les lois de la chimie, se forme par synthèse ou se détruit par analyse. » Les vitalistes, qui forment encore une école nombreuse, ne devaient pas lui pardonner (2) ce passage ; et, par leur

(1) La rudesse d'un pareil langage était de nature à irriter les scientifiques du côté adverse. A l'enthousiasme des catholiques, on a vu s'opposer une sorte de haine attisée par les ennemis de l'Église.

(2) Les catholiques renseignés sont spiritualistes ; ils ne sont pas *menés* par les vitalistes.

influence, ils firent passer Béchamp pour matérialiste aux yeux des cléricaux, bien qu'il eût ajouté : « Dieu, en construisant ces appareils, les a doués de propriétés et de fonctions spéciales. »

Voilà donc Béchamp à Lille.

Au début, tout va bien. Les travaux continuent. Dans une conférence faite à Bruxelles en octobre 1877 (1), il recommence l'historique de la doctrine des microzymas qu'il a démontrés comme formés d'une matière albuminoïde et d'une substance analogue au ligneux. La bactérie et le microzyma, dont elle est fille, possèdent la même activité diurétique. Les bactéries possèdent la fonction des microzymas qui les ont engendrées. Les zymases, loin d'être des ferments, sont des agents chimiques, qui peuvent être suppléés par d'autres agents purement chimiques, tels que l'acide sulfurique, par exemple, ou la potasse ou le chlorure de zinc, etc., que personne ne s'avise d'appeler des ferments. Les zymases sont toujours produites par des êtres organisés.

Il ajoute un paragraphe, qui ne devait pas plaire (2) aux théologiens : « Il est indifférent pour le chrétien de croire ou de ne pas croire à la génération spontanée. Tout le moyen âge, saint Thomas d'Aquin lui-même, a cru à ce mode de génération. Ce n'est pas du tout une doctrine condamnée. Il suffit d'admettre que Dieu, en créant la matière, l'a douée de propriétés qui l'ont faite capable d'engendrer les

(1) *Annales de la Société scientifique de Bruxelles*, 1878.

(2) L'auteur avoue implicitement qu'il ignore la doctrine catholique. Il n'est pas renseigné sur la fonction des théologiens.

êtres organisés, par évolution ou autrement. La question est de savoir si c'est là une vérité d'ordre expérimental et si la matière d'aujourd'hui possède d'autres propriétés que celle d'autrefois. »

Joseph Béchamp et Baltus entreprennent des séries d'expériences sur les injections intraveineuses (1) pour comparer les effets du lait, des diverses matières albuminoïdes, des ferments solubles et des microzymas de diverses origines ; ils ouvrent une voie fécondée plus tard par les pastoriens ; ils remarquent que les matières albuminoïdes, même en grande quantité (pourvu que l'élimination émonctoriale puisse se faire), ne sont nullement nocives ; mais, avec les ferments solubles, les accidents sont graves et fonctionnels (diastase, pancréazymase, etc.), sans qu'on puisse en ce cas invoquer le processus embolique. Avec les microzymas issus de l'organisme, les effets varient ; ceux du foie sont presque inoffensifs. Ceux du pancréas, au contraire, sont toxiques ; ils amènent la mort à la dose d'un milligramme par kilogramme d'animal ; c'est le résultat de ferments organisés ; car, si on leur fait digérer de la fibrine, et que l'on injecte à dose égale le mélange des microzymas et bactéries qui en résulte, on ne produit plus d'accidents ; ils ont épuisé leur faculté digestive. Les expériences lèvent aussi les objections à une action mécanique d'ordre embolie.

M. le Dr Hector Grasset rapproche de nombreuses études faites par des auteurs très divers pour aboutir

(1) *Comptes rendus des séances de l'Académie des sciences* et *Annales de physique et de chimie*, du tome LXXXVIII au tome XCII.

à des résultats, qui concordent avec ceux de Béchamp. Ce sont des confirmations, parfois indirectes, mais réelles, des vérités techniques.

Puisse cette longue étude, dit-il, donner l'idée aux chercheurs de s'inspirer un peu, ou tout au moins de connaître les résultats de l'œuvre de Béchamp (1913, p. 115).

Quand on envisage cette œuvre, qui est d'ordre scientifique, il n'y a aucun doute. Il y a lieu de l'étudier, d'en mûrir les féconds résultats et d'en restituer la coordination avec les autres résultats, qui ont été obtenus par l'école pastorienne.

Les écrits de M. Hector Grasset ont ramené l'attention sur une œuvre de grande importance ; par là, ils ont rendu service. En ravivant les polémiques d'une controverse éteinte, ils ont retardé la marche d'une vérité devenue certaine et qui n'a besoin que d'une calme et laborieuse sérénité pour conduire les chercheurs vers d'autres vérités salutaires.

Mauvais procédés de quelques controversistes

Il y a des circonstances, où Béchamp se montre d'un absolutisme, qui devient blessant, tout en restant impersonnel. Dans une dédicace à Michel Peter (1), il écrit : « Je vous dédie ces *Lettres* comme un hommage de ma vive amitié et de ma sympathique admiration pour le courage que vous mettez à défendre, avec une si haute autorité, la médecine scientifique et traditionnelle contre les empiétements de doctrines dont tous les dogmes sont faux et les applications purement empiriques.

Il est un homme, écrit le Dr H. Grasset (2) actuellement âgé (1899), infirme, le type du savant honnête, consciencieux et convaincu, qui n'a brigué aucun poste à réclame, qui a lutté toute sa vie, et qui, presque aveugle, travaille encore pour ses idées, qui,

(1) *La théorie du microzyma et le système microbien.* Lettres à M. le Dr Édouard Fournié, directeur de la *Revue médicale française et étrangère*, précédées d'une préface par A. Béchamp, Paris, 1888. La préface est datée de Massevaux (Alsace), 22 septembre 1887.

(2) *Un savant méconnu: A. Béchamp;* extrait de *l'Opinion médicale*, Paris, imprimerie A. Quelquejeu, 10, rue Gerbert, 1989, p. 1.

jusqu'ici, ne lui ont rapporté que des déboires, je dirai même des injures (1).

Cet homme, c'est A. Béchamp !

Je le considère comme le génie le plus sublime que le XIXe siècle a produit, bien au-dessus des Pasteur et Duclaux. Martyr de la science officielle, il est inconnu de 99 p. 100 des médecins ; et il ne sera apprécié qu'après sa mort.

Parmi ceux qui se souviennent de son nom, combien y en a-t-il qui ont lu et examiné ses travaux?

J'ai rencontré quelques rares partisans de ses idées. Mais peu, parmi eux, se doutaient de leur grandeur philosophique.

J'ai voulu, bien des fois, en causer avec des maîtres, qui le traitaient de fou, ou qui niaient l'esprit scientifique de ses doctrines ; et je suis convaincu que ceux qui ont bien voulu l'écouter, — ou l'ont condamné sans l'approfondir, — ou mieux l'ont traité de parti pris sans le comprendre. Ceux qui l'auraient bien compris ont eu intérêt à faire les sourds, pour mieux accaparer ses travaux et pour installer leurs théories personnelles dans une autre direction (2).

---

(1) Il n'est pas possible de s'occuper de l'œuvre scientifique de Béchamp sans rencontrer des revendications de priorité. Trop souvent les querelles de ce genre répugnent comme des crises de jalousie, ou des poussées d'un orgueil inassouvi. Dans le cas particulier, on n'a jamais reproché à Béchamp d'avoir usurpé le mérite d'autrui.

C'est lui, Béchamp, qui a été victime.

Ses revendications ont été rendues laborieuses par une sorte de conjuration d'intérêts dissimulés, qui n'étaient pas d'ordre scientifique.

(2) C'est confirmé dans *l'Œuvre de Béchamp*, Paris 1913, p. 2

D'une doctrine histo-physiologique et philosophique, rationnelle, mais complexe comme tout ce qui a trait à la vie, on a tiré, par déviation, une théorie trop simple et facile à comprendre ; c'est ce qui a fait son succès.

Le bon sens disait cependant que la maladie, comme la vie, ne se réduit pas à la culture d'un microbe dans un bouillon particulier. Mais c'était si commode !... Et chacun pouvait trouver son vibrion pour le faire passer à la postérité avec son nom accolé... C'est la seule cause de la fortune du Pastorisme.

On a bien trouvé, depuis, que ce n'était pas si simple. Et, sous la forme d'étude du terrain, on en revient insensiblement aux idées anciennes... Mais la bonne foi est telle, que, quand on en arrive à la compréhension des produits cellulaires ou microbiens, des ferments solubles diastases ou mieux zymases, on préfère suivre et citer les Allemands que d'en rapporter le mérite à Béchamp, un Français !

Est-ce vrai, monsieur Duclaux, président des assemblées anarchistes demandant à grands cris la Vérité? L'avez-vous fait éclater, la Vérité Scientifique, dans vos divers travaux sur la question (p. 4-5).

En 1913, le même M. H. Grasset en fait la remarque : Béchamp est mort (15 avril 1908) ; Pasteur aussi, Duclaux de même : les haines s'éteignent au tombeau... Et il espère (p. 96) qu'on va rendre justice, pour le renom des siens, pour le respect de la science.

Pour y parvenir, il faut se garder de remplacer des

fautes par des erreurs, il faut établir la vérité et remonter à ses origines réelles.

Brown-Séquard, directeur des *Archives de physiologie normale et pathologique*, avait suivi Béchamp dès ses débuts. En 1882, il lui ouvre les colonnes de son périodique pour y exposer ses idées. Béchamp y commence une série d'articles qui est bientôt arrêtée. Le motif est indiqué en une lettre que Béchamp écrivait au Dr Hector Grasset le 7 mai 1900 : « Laissez-moi vous dire que, si mes articles ont cessé de paraître, c'est que, malgré Brown-Séquard, Vulpian et Charcot ne l'ont pas voulu ». Ces deux savants étaient directeurs au même titre ; et ils subissaient l'influence de Pasteur.

En effet, en 1881, la lutte entre Pasteur et Béchamp, qui s'était jusqu'alors bornée à des réclamations de priorité, prit un certain caractère d'acuité, à la suite du *Congrès international de médecine de Londres.*

Avant que Béchamp eut parlé, Pasteur, en le citant, disait que « s'il y avait quelque chose d'exact dans sa manière de voir, il ne l'avait conçu qu'en s'assimilant ses travaux et en modifiant ses idées, d'après les siennes ». Dans une assemblée internationale, Pasteur commettait la faute de porter publiquement une grave accusation de plagiat contre Béchamp... On ne pouvait travestir plus impunément la vérité, ajoute M. H. Grasset (1), lequel en a donné la preuve par ses écrits. De pareils procédés ne

(1) *L'Œuvre de Béchamp* (Pierre Jacques Antoine), par le Dr Hector Grasset, licencié ès-sciences physiques ; 2e édit. revue et augmentée, Paris, 1923, p. 71.

sont plus seulement discourtois ; ils dépassent la mesure des froissements d'amour-propre. L'injustice est importante. Aussi ne blâmerons-nous pas Béchamp, ajoute M. H. Grasset, de s'être élevé avec indignation et colère contre une telle imputation et d'avoir porté un défi à Pasteur, qui, loin d'y répondre, s'empressa de quitter la séance. Il paraît que le *Times* du 8 août 1881 a relaté cet incident.

A quarante-cinq ans de distance, alors que les deux intéressés sont morts, on juge que la scène est déplorable ; et on répète que « les meilleurs institutions ont des bornes dans lesquelles on doit les maintenir, sous peine de les dénaturer ou de les perdre ». C'est particulièrement certain pour les académies et les sociétés scientifiques.

Jusqu'en 1881, Béchamp pouvait dire ce qu'il répéta en 1892 à l'Académie de médecine : « La vérité est que je n'ai jamais attaqué M. Pasteur, pas plus que je n'ai attaqué M. Armand Gautier. Par caractère et par goût, je ne suis point polémiste. Je me suis borné à me défendre contre leurs attaques ; et, à l'occasion, j'ai réclamé comme miens, les idées et les faits qu'ils tentaient d'usurper (1) ».

Il avait eu raison d'écrire, en 1883 : « M. Pasteur sait prendre soin de sa gloire. On ne pourra pas dire de lui « qu'il n'était point de ceux qui savent aider « à leur propre réputation et qui ont l'art de suggérer « tout bas à la Renommée ce qu'ils veulent qu'elle « répète tout haut avec ses cent bouches ». Je ne l'en

(1) *Microzymas et microbes*, par A. Béchamp, Paris, 1893, p. XIX.

blâme point, à la condition que ce ne soit pas au détriment de la réputation d'autrui (1). »

On prétend qu'il advient fréquemment que les passions humaines, intransigeance des uns, maladresse ou amour-propre des autres, obscurcissent singulièrement des problèmes que les circonstances rendaient peut-être difficiles, mais non insolubles (III, 227).

A partir de 1883, Béchamp, aigri par les injustices continuelles, traita Pasteur de plagiaire et se considéra comme volé... Il m'a raconté, un jour, que des intermédiaires haut placés, de l'Institut, de l'Académie de médecine, lui avaient conseillé, en douceur (2), de faire des concessions, de s'atteler à l'école de Pasteur et de marcher en commun avec lui, lui assurant ainsi justice pour son labeur (3).

(1) *Les Microzymas*, par A. Béchamp, Paris, 1883, p. 7.

(2) Il y avait donc des personnages en vue, qui souffraient des querelles et qui se rendaient compte qu'il y avait une part de vérité dans la doctrine du parasitisme ; et une autre part, également vraie, dans la doctrine des microzymas.

Ne trouvant pas le moyen de concilier deux intérêts très respectables, et pour le moment divergents, ils attendaient silencieusement les indications de la Providence.

Quant à faire des concessions, ce n'est pas possible, quand on est dans le droit chemin de la vérité.

Une vérité diminuée est déjà une erreur, trop souvent la plus funeste erreur, la plus pernicieuse.

(3) Ces négociateurs avaient, sans doute, bonne intention ; mais ils n'ont pas compris que « dans les choses d'ici-bas, le mieux n'est ordinairement que le moins mal ».

Le vrai travail d'approche vers la pacification de cette querelle de priorité aurait dû commencer par ramener dans la bonne foi le côté qui en avait manqué.

Béchamp ne transigeait jamais. Il trouvait incompatible avec la vérité scientifique une confusion entre microzymas et microbes, puisque le point d'origine est la grande base de sa théorie (1). Il fut donc mis à l'index.

Ne trouvant plus d'organe scientifique pour propager ses idées, il édita, en 1883, son gros volume des Microzymas. Là encore, des influences occultes entravèrent la divulgation : l'éditeur ne brocha même pas les volumes ; et la vente fut presque nulle. Quand l'éditeur Chamalet reprit l'ouvrage, en 1889, il était trop tard.

Dès cette époque, on ne discuta plus avec lui ; on n'entreprit pas la controverse, laquelle est fertile à la science ; car de la controverse sort quelquefois la lumière.

Béchamp était justifié d'écrire en 1893 : « Mais cet aveu, de M. Armand Gautier, que l'on fait systématiquement le silence autour de ce qui touche à la théorie du microzyma, mérite d'être relevé. C'est un procédé que l'on appelle vulgairement la *conspiration du silence* (2), procédé plus raffiné que celui du Tribunal de l'Inquisition. En effet, ce tribunal publiait au moins la vérité qu'il qualifiait d'erreur (3) et qu'il condamnait comme telle, peut-être sans la com-

---

(1) Ce n'est pas une théorie ; c'est une vraie doctrine, qu'il ne faut pas confondre avec d'autres.

(2) C'est M. le Dr Hector Grasset qui souligne... peut-être après Béchamp.

(3) De ce texte, il ressort que Béchamp n'était pas renseigné sur le Tribunal de l'Inquisition, qui, d'ailleurs, est naturellement étranger à la doctrine et à la controverse des microzymas.

prendre. La conspiration du silence est bien autrement atroce ou dangereuse ; car elle étouffe la vérité dans son germe, en lui refusant la chaleur vivifiante de la publicité et de la discussion (1) ». Il rééditait, sans s'en douter, une ancienne critique d'Amédée Latour dans l'*Union médicale* : « Un esprit chagrin pourrait dire que les corps savants n'ont fait que changer le mode d'exécution des travailleurs. Autrefois, ils les étranglaient avec le cordon du rapport ; aujourd'hui ils les étouffent sous le matelas du silence. Il en est qui préfèrent la strangulation (2) ».

Il y a une justice immanente : il faut savoir attendre son heure :

Les idées de Béchamp n'avaient pas été tout à fait perdues.

Jousset de Bellesmes (3) écrit : « Le microbe, lorsqu'il existe réellement, n'est qu'un épiphénomène, et ce ne serait pas trop s'avancer que de prétendre qu'aucun élément nouveau n'intervient ni dans la variole, ni dans la scarlatine, ni dans le tubercule, mais qu'il ne se fait dans ce cas que des exagérations, des proliférations d'éléments normaux, qui,

---

(1) Lettre à l'Académie de médecine, 3 janvier 1893.

(2) Ici s'intercale une boutade, qui est bien de M. le Dr Hector Grasset. Béchamp aurait pu généraliser à toutes les Sociétés scientifiques cette pensée de De Lanessan : « l'Académie des sciences ! mais c'est la compagnie de Jésus de notre société scientifique » (*Revue internationale des Sciences*, 15 février 1879).

Une boutade n'est pas un argument. Jean de La Fontaine l'a fait comprendre lorsqu'il a écrit *le Renard et les Raisins*.

(3) Jousset de Bellesmes, Notes et souvenirs sur Claude Bernard (*Revue internationale des sciences biologiques*, 1882, II, p. 442).

sous l'influence de conditions tout à fait obscures, évoluent d'une manière tout à fait inusitée ».

Plusieurs scientifiques ont admis la conception de Béchamp ; mais les uns ne l'ont pas comprise ; d'autres l'ont méconnue en partie ; d'autres encore y ont introduit des confusions ; tandis que les plus rusés y ont substitué un autre nom avec la prétention d'accaparer l'idée fondamentale.

Altmann, de 1885 à 1892 en Allemagne, a profité des nombreux travaux cytologiques faits à une époque où Béchamp, déjà vieux, ayant la vue faible, ne pouvait plus s'engager dans cette voie. Il déclare la (1) cellule constituée par de fins granules, *granula*, organismes élémentaires, se reproduisant par division et se multipliant suivant les besoins. Ces granula peuvent se disposer en files pour figurer des fibrilles. Comme unités biologiques, ces granules ont le nom de *bioblastes* : ce sont eux qui jouent un rôle physiologique dans la cellule. Il y en a de diverses natures, ayant des propriétés spéciales. Seulement, ils ne vivent que dans la cellule ; ils meurent dès qu'ils ne font plus partie de l'organisme. Les bioblastes primitifs, représentés aujourd'hui par les microbes, pouvaient vivre indépendants ; c'étaient les *autoblastes* (2). Ceux qui se sont associés en colonies (dont la zooglée est le type évolutif), et ont contribué à l'édification des cellules, ne sont plus autonomes dès que l'association est rompue ; ils

(1) *L'Œuvre de Béchamp*, par le Dr Hector Grasset, Paris, 1913, p. 85.

(2) L'auteur allemand n'a observé aucun fait qui puisse se rapporter aux bioblastes primitifs, mais il a sa *théorie* !

meurent ; ce sont des *cytoblastes.* Mais la cellule ne peut se reproduire que par ses cytoblastes. Donc la formule est : *omne granulum e granulo.* La base de la théorie d'Altmann est issue de la conception de Béchamp (Altmann cite Béchamp dans ses travaux) ; mais la théorie d'Altmann est purement morphologique et non physiologique. Elle repose sur des procédés de coloration ; elle expose à des erreurs formidables (1), à la confusion de produits inertes avec des produits actifs physiologiquement. Des particules de fonctions dissemblables peuvent se colorer semblablement et vice-versa... Ne voyons-nous pas certains microbes auréolés d'une atmosphère glutineuse qui peut prendre des teintes différentes suivant l'âge et la composition du milieu? Cette théorie eut cependant grand succès à l'étranger ; elle a encore (en 1913) des partisans. Les frères Zoja ont nommé les bioplastes, plastidules fuchsinophiles.

Béchamp ne connaissait pas l'ouvrage d'Altmann. Je possédais un exemplaire allemand, que je lui envoyai, ajoute M. H. Grasset. Il m'écrivit le 5 juin 1900 : « Je vous renvoie par ce courrier la brochure d'Altmann. Il n'y a rien... Si ! il y a quelque chose, et quelque chose de plus, que j'ignorais.

« Ce qu'il y a, c'est que ce professeur prétentieux du pays de Schilling applique la *Philosophie de la nature* de celui-ci, que G. Cuvier avait sévèrement jugée en 1808. Il applique, dis-je, la philosophie de Schilling à déformer la théorie microzymienne, comme ses anciens l'avaient appliquée à défigurer

(1) L'expression est de Grasset, 1913, p. 85.

la doctrine des éléments anatomiques simples et vivants de Bichat, pour aboutir au système du *protoplasma* du botaniste Hugo Mohl, c'est-à-dire à la matière vivante non figurée, *non morphologiquement définie*, comme disait Cl. Bernard, qui l'avait adoptée.

« Voici comment, en Allemand fidèle, Altmann s'y prend pour s'attribuer la découverte des microzymas dans la cellule. Il affecte de partir sans cesse du protoplasma vivant, mais en assurant avec toupet (1) que l'on avait toujours vu les *granulations* dans la cellule; et il insiste sur ce que ce sont les *granula* qui,

---

(1) Encore une expression qui dénote une indignation exaspérée de Béchamp devant l'impudence d'un Allemand.

En 1917, lorsque les Alliés eurent établi un blocus sévère des côtes de la mer du Nord et de la Belgique, l'Allemagne ne put plus recevoir les nitrates du Chili ; elle se trouva dans une situation terrible. Plus de nitrates, c'est-à-dire plus d'explosifs pour continuer la guerre ! et plus d'engrais pour augmenter le rendement des récoltes afin de nourrir la population allemande réduite à ce que pouvait produire son maigre sol. C'est alors que le Gouvernement allemand songea à utiliser industriellement *une expérience de laboratoire due à un Français*, et qui permettait d'extraire et d'isoler l'azote de l'air, d'où l'on tirait ensuite les azotates et les nitrates nécessaires. Les chimistes allemands se mirent à l'œuvre et, quelques mois après, grâce aux capitaux énormes, dont ils disposaient et qui leur permirent de tenter toutes les expériences, même les plus coûteuses, le problème était résolu et l'Allemagne sauvée, au moins momentanément. Le Français sème et c'est trop souvent l'Allemand qui récolte. Le plus triste, c'est que, quand l'invention nous revient *Made in Germania*, nous la trouvons admirable, après l'avoir dédaignée sous l'étiquette de la France. (Un Américain, *La revanche allemande*, lettre-préface du général Maîtrot, 5e édit., Paris ; la Renaissance du Livre, sans date, p. 109-110.)

dans les cellules chlorophylliennes, déterminent la décomposition de l'acide carbonique, et l'assimilation de son carbone. Il va jusqu'à donner comme de lui mes équations publiées dans la *Circulation du carbone*, en 1867 : voir p. 18 à 25.

« D'un bout à l'autre (1), tout le travail est fait pour s'attribuer et pour attribuer à des Allemands la découverte des granulations moléculaires et de leurs fonctions dans les cellules. On ne découvre rien qui rappelle les transformations de Nencki et les... (2) de Hullier, de Tiegel et de Billroth. L'œuvre d'Altmann est une œuvre de mauvaise foi.

« Oui, on connaissait les granulations moléculaires, que Henle, dans son anatomie générale, appelait *granulations élémentaires*. Mais, avant 1865, on ne savait rien de leur rôle et de leurs fonctions chimiques. Le microscope les avait signalées ; et il ne pouvait faire davantage. On ne savait même rien de leur composition (3).

« Voilà ce qu'il y a.

« Voici ce que j'ignorais ! Ce que j'ignorais est honteux (4).

---

(1) Dans sa dignité et sa probité, Béchamp devait subir de ces plagiats une très douloureuse émotion. Il pouvait en ressentir une sorte de colère patriotique.

(2) Le mot est *illisible* dans la lettre de Béchamp au Dr Hector Grasset.

(3) Ce passage de la lettre discrimine correctement la part des notions antérieurement acquises.

(4) Pour faire comprendre où est l'indignité d'un ancien préparateur, le Dr Hector Grasset rapporte à la page précédente (1913, p. 86) :

Armand Gautier ne pouvait manquer d'être influencé par

« Armand Gautier, qui avait nié les microzymas, après les avoir confondus (1) avec les zymases, les démarque sous le nom de *plastides.*

« Eh bien, je ne savais pas que le... avait plagié les Allemands ; et que le *plastidule* n'est que le *bioplaste.* C'est infâme que des personnes deviennent germanisantes pour se faire valoir. Hélas, hélas ! Le génie français, si clair, si fécond, se laisse de plus en plus envahir par l'esprit ténébreux et sophistique de l'Allemagne (2) ».

Altmann n'avait d'abord vu (1885) que les gros granules ; mais ensuite, en 1896, il en aperçoit de plus petits, dont dérivent les premiers.

Crato décrit la structure alvéolaire du plasma végétal ; et, dans les cloisons, des corps animés de mouvements propres, de forme extrêmement variable et changeante, les *physodes* qui sont les agents les plus actifs des transformations chimiques.

Munden admet les granulations d'Altmann ; mais il se rapproche de la théorie des microzymas. Pour

---

les idées de son ancien maître. Il reconnaît que les fermentations intracellulaires ont bien été étudiées par lui ; et il accorde le rôle prépondérant aux granulations moléculaires, qui ne sont vivantes qu'autant que la cellule l'est.

« Ces granulations (du protoplasma), dit-il, ou *plastides*, sont donc les agents spécifiques de la cellule, mélangés dans celle de l'embryon, séparés et homogènes dans les cellules entièrement spécialisées. Elles sont chargées de produire, chacune suivant son espèce, des êtres chimiques nouveaux, quelquefois de véritables organismes spécifiques, comme le globule sanguin, la fibre contractile, le *cylinder-axis*, etc. »

(1) Dans le *Dictionnaire de chimie*, dirigé par Ad. Wurtz.

(2) Lettre d'A. Béchamp à M. le Dr Hector Grasset, 5 juin 1900.

lui, elles se comportent, en dehors des cellules, comme organismes indépendants ; et elles peuvent s'associer de nouveau, en produisant de nouveaux organismes (1896). Plus récemment, il a développé longuement cette théorie dans un livre (1). Les bactéries sont des évolutions issues des tissus vivants, et elles sont, en même temps facteurs de cellules; le *Chtonoblast* est l'unité morphologique : de lui dérivent les cellules. A côté d'idées justes, de bonnes observations, on peut lui reprocher d'être diffus, d'avoir des comparaisons exagérées, et de confondre, comme Altmann d'ailleurs, sous le nom de *chtonoblastes*, des éléments disparates, des enclaves plus ou moins inertes, avec des éléments vivants et actifs...

Ernst, qui, en 1889, avait décrit les granulations des bactéries, comme grains sporogènes, les considéra, en 1902, comme granules d'Altmann. Il avait raison les deux fois ; car ces granulations peuvent se comporter comme des spores ; et, comme, d'un autre côté, elles ont sécrété une matière spéciale, elles sont devenues *granula*. Les granules d'Altmann ne sont que des microzymas uniques ou soudés en association (suivant le volume) ; ils ont sécrété divers produits, surtout des lipoïdes, et ils ont pris des formes et des propriétés diverses (2).

Le travail que M. Hector Grasset a publié en 1913, a donc revendiqué, pour Béchamp, le mérite de la découverte des microzymas, de leur fonction physiologique et de leur importance en pathologie. Ces découvertes sont injustement détournées de leur

(1) *Der Chtonoblast*, Leipzig, 1907.

(2) *L'Œuvre de Béchamp*, 1913, p. 88.

auteur par une manière artificieuse de les présenter ; ou par la ruse, qui les présente sous un autre nom, afin de faire croire à une notion nouvelle. M. le Dr H. Grasset a démasqué ces fourberies impitoyablement.

Une autre conséquence des vexations se trouva dans le silence des peureux, qui ont vu la sincérité des recherches de Béchamp et qui ont connu la vérité de ses résultats.

J'ai connu un élève de Béchamp, écrit M. le Dr Hector Grasset (1), convaincu qu'il y avait *beaucoup* de vrai dans ses doctrines et qui s'est fait un nom en bactériologie. Comme il est mort, je puis citer le cas, curieux en l'espèce. Il s'agit d'Hippolyte Martin, qui, chef de laboratoire chez Grancher, l'ami de Pasteur, réalisa des expériences classiques sur la genèse du tubercule et entreprit de nombreuses recherches sur le bacille tuberculeux et la cure de la tuberculose. En 1893, je fus son interne provisoire pendant une année. Un jour que je lui exprimais mes doutes parasitaires et mes opinions sur les microzymas : à ma grande surprise, il me fit voir qu'il les connaissait aussi bien que moi, qu'il avait été l'élève de Béchamp, que le parasitisme ne lui semblait pas avoir l'importance qu'on lui attribuait.

Hippolyte Martin était un timide. Il n'avait de courage que pour la propagande religieuse (2). De

(1) *L'Œuvre de Béchamp* (Pierre Jacques Antoine), par le Dr Hector Grasset, licencié ès sciences physiques, 2e édit. revue et augmentée, Paris, 1913, p. 96.

(2) M. H. Grasset, qui ne paraît guère renseigné sur la doctrine catholique, ajoute, entre parenthèses : De ce fait, Béchamp

plus, sa situation vis-à-vis de Grancher ne lui permettait pas de laisser voir ses opinions.

Hippolyte Martin a donné un appoint indirect aux travaux de Béchamp, en publiant ses recherches sur la structure de la fibre musculaire striée et sur les analogies de structure et de fonction entre le tissu musculaire et les cellules à bâtonnets de protoplasma strié (1). Malheureusement, cet appoint n'est qu'indirect ; il ne porte que sur un détail particulier.

La lutte sera éternelle de la part des erreurs contre la vérité ; elle est particulièrement intense à une époque où les arrivistes jouent des coudes. Parfois, elle devient âpre, comme dans une bousculade ; et la vérité ne peut plus se faire jour que parmi les scientifiques, qui ont d'autres intérêts... ce sont des étrangers ! M. le Dr Hector Grasset l'a remarqué Pour eux, la controverse compte peu. C'est le fait qui prime, et c'est la date, qui peut seule établir la priorité. Le temps y pourvoira.

---

lui était peut-être resté suspect au point de vue de l'orthodoxie. On ne comprend pas à quoi peut répondre cette réserve.

(1) *Archives de physiologie*, 1882.

Béchamp n'a jamais été matérialiste

Les microzymas ne sont pas de la matière brute. Ce sont des êtres si petits, que ce sont les plus petits qui soient connus. Leur caractère est d'être de la matière vivante.

Sans doute, la vie des microzymas peut demeurer latente pendant des siècles; mais le caractère de la vie se trouve dans deux faits : la nutrition par intussusception (non par juxtaposition) ; la reproduction, la multiplication.

Quelques esprits mal avertis ont été tellement troublés par ces découvertes de Béchamp, qu'ils ont prétendu les contester, faute de pouvoir les nier.

D'autres en ont faussé l'interprétation. Il s'en est même trouvé pour torturer l'inspiration de celui, qui, dans son ardeur scientifique, n'a jamais eu qu'un souci : la recherche loyale et désintéressée de ce qui est la vérité.

Il paraît qu'on a machiné une intrigue, qui aurait voulu faire passer A. Béchamp et sa doctrine pour entachés de matérialisme. L'entreprise aventureuse mérite toute l'attention, qui la dégagera des obscurités volontairement accumulées.

En 1882, les idées parasitaires gagnaient du terrain. La découverte du bacille de Koch semblait leur fournir un appoint (1).

Cependant, dès 1868, Béchamp et Estor avaient signalé l'évolution des granulations cellulaires dans le tubercule.

Aussi, Bouchardat, reprenant, en 1883, à l'Académie de médecine, la théorie microzymienne, a dit, au sujet de la phtisie : « Les cellules ne sont plus soumises à leurs conditions normales d'existence. Elles s'isolent du grand tout qui constitue l'agrégat humain : elles ont une vie à part, comme des parasites dans les vaisseaux, dans les organes qu'elles ont envahis. Ces conditions nouvelles développent en elles des formes, des aptitudes nouvelles. Dans cette lutte pour la vie avec les organismes divers du sang et des tissus, leur puissance individuelle s'est accrue. Elles constituent les parasites que M. Koch a découverts, qui ne viennent pas du dehors, mais qui sont produits par la transformation d'organites, dont les conditions ont changé. »

Plus tard, d'autres auteurs ont, eux aussi, soutenu l'opinion que le bacille de Koch n'était qu'un produit évolutif.

Dimitropol écrit (2) : « Ne deviennent scrofuleux ou phtisiques que les individus dont l'organisme est pauvre — par innéité ou accidentellement — en éléments organiques et chimiques, le bacille de Koch

(1) *L'Œuvre de Béchamp* (Pierre Jacques Antoine), par le Dr Hector Grasset, licencié ès-sciences physiques, 2e édit. revue et augmentée, Paris 1913, p. 74.

(2) Dimitropol, *Nature intime de la phtisie pulmonaire*, Bucarest, 1898.

n'étant pour rien dans l'étiologie de la phtisie pulmonaire... » « On sait que les cellules épithélioïdes disparaissent au fur et à mesure que les bacilles deviennent nombreux. Cette coïncidence entre la disparition des cellules épithélioïdes et l'augmentation du nombre des bacilles, ne vient-elle pas à l'appui de notre opinion, à savoir que les bacilles de Koch ne seraient que le résultat de la désagrégation ou plutôt de la fonte des cellules tombées en dégénérescence (1) ? »

Un certain docteur E. D. écrivait aussi (2) : « Le microbe n'existe pas en tant que microbe et individualité pure... il est une simple parcelle de la substance organique vivante, qui se différencie, qui se désagrège ou se conglomère anormalement ; — et staphylocoque, streptocoque, ou bacille de Koch sont la même chose, mais sous des aspects différents, dans des conditions différentes et spéciales pour chaque cas... Sous certaines influences, d'après certaines règles que l'expérience définira, — car la nature n'agit pas au hasard — la cellule ne se développe plus normalement ; et ces différentes parties, libres, mais vivantes encore puisqu'elles sont formées de protoplasma, produiront ce que l'on voit sous le microscope et que l'on a dénommé le microbe, qui, à son tour, pourra se reproduire sous cette forme secondaire. »

M. le Dr Hector Grasset explique (3), comment,

(1) M. Hector Grasset indique la page 23 sans préciser de quel ouvrage.

(2) *Indépendance médicale*, 26 juillet 1899.

(3) *Loc. cit.*, 1913, p. 75.

s'il anticipe sur l'ordre chronologique, à propos du bacille de Koch, c'est que cette découverte a été pour beaucoup dans la marche des doctrines parasitaires et en a semblé la meilleure base. Mais c'est aussi par ce côté que périra la doctrine (du parasitisme) ; car les découvertes des bactériologues sur le rôle et la nature des bacilles acidophiles commencent la ruine (1).

---

(1) Des produits nettement tuberculeux (granulation miliaire transparente, fongosités articulaires, etc.) ne renferment pas de bacilles de Koch. Si on les inocule à un lapin, à un cobaye, on constate, en examinant à différentes époques, les produits d'inoculation, le passage par tous les états de l'état granuleux à l'état de bacille de Koch.

Si l'on cultive les granulations miliaires transparentes, incluses dans de la paraffine stérilisée et placées à l'étuve, ou dans l'empois d'amidon, on obtient des évolutions semblables, et ces évolutions sont semblables à celles que l'on observe directement dans les éléments du tubercule pulmonaire à divers stades d'accroissement et de destruction.

La première modification de la cellule est le passage à l'état granuleux ; mais les granules prennent mal les matières colorantes ; la réaction du Ziehl ne met rien en évidence.

Un peu plus tard, les granulations se colorent mieux, mais ne conservent pas encore le Ziehl.

Puis vient un stade où le Ziehl ne se fixe que sur des formes *cocci*, puis *diplococci*, ou même en zooglée (tuberculose de Malassez, qui est au stade spécial).

Enfin, paraît la forme bacillaire granuleuse de Koch, et les formes mycosiques quelquefois.

Donc, il est évident que le bacille de Koch n'est que le résultat de l'évolution d'un microzyma devenu morbide.

De plus, on ne le trouve dans la nature nulle part que dans les produits issus de l'individu tuberculeux. Il n'a pas une vie spéciale ; — ce n'est pas une espèce.

Mais, si la tuberculose est une maladie autogène, spontanée

Dès 1885, J. Pelletan avait écrit : « Mais il n'y a, à cette question, que deux solutions possibles ; et elles touchent à des points de doctrine des plus abstrus (1).

« Ou bien ils préexistent (les bacilles pathogènes), eux ou leurs germes, créés de toute éternité, et ils voguent depuis lors par le monde à la recherche de milieux convenables pour s'y développer, *quærentes quem devorent*. Ou bien, ils se forment sur place, quand viennent à se produire les circonstances ambiantes favorables à leur formation et à leur développement.

« Dans le premier cas, ces germes errants depuis des centaines de mille ans nous rappellent ces pauvres spores du champignon du marc de café, sur la destinée desquelles s'apitoyait si gaîment Adrien de Jussieu... Malheureusement, cela semble une solution ; mais ce n'en est pas une. A l'origine des ces centaines de mille ans, de quelle spore, de quel œuf, de quel parent sont sortis ces microbes ? Ont-ils été créés par Dieu lui-même dans un des six jours de la création? S'il en est ainsi, il n'y a plus rien à dire : ce n'est plus de la science ; c'est du Dogme ; et les mystères ne se discutent pas.

---

dans la plupart des cas, le bacille de Koch peut avoir une influence sur un autre être prédisposé. Il agit comme un cristal dans une solution sursaturée.

On peut devenir tuberculeux sans lui ; mais, chez les individus qui ont tendance à le devenir, il accélère le processus. Chez les autres, il ne produit rien, à moins d'être injecté à dose massive ; et, dans ce cas, il agit comme un fragment de cristal dans une simple solution saline (Dr Hector Grasset, 1913, p. 75-76).

(1) *Journal de micrographie*, avril 1885.

« Mais si, au contraire, on admet qu'ils se sont formés sur place au fur et à mesure que se sont produites les circonstances nécessaires et suffisantes à leur formation, cela nous conduit forcément à ce dilemme : ou bien ils se sont formés tout seuls, de toutes pièces, indépendamment de tout être antérieur : et c'est la génération spontanée ; ou bien ils se sont constitués par l'évolution, dans de certaines directions, de corpuscules qui faisaient antérieurement partie de corps déjà vivants, à la vie desquels ils participaient et qu'ils ont abandonnés, par suite de la transformation, mort ou maladie, de ces corps eux-mêmes. Ils sont devenus indépendants, acquérant un degré de perfectionnement et évoluant sous des formes diverses, suivant les conditions et les milieux dans lesquels s'est accompli leur affranchissement. C'est la doctrine que MM. Béchamp et Estor soutiennent avec tant de talent. »

Plus loin, après avoir esquissé la théorie du microzyma, J. Pelletan ajoute : « Quoi de plus logique que cette explication? Qu'a-t-elle de si contraire aux idées (généralement admises) pour rencontrer, sinon tant d'opposition, du moins tant d'indifférence (1)?

(1) Une indifférence aussi nombreuse s'explique par la paresse des esprits, qui se tiennent en repos dans les idées reçues.

On admet que les maladies évitables proviennent de parasites. On se préserve de leur contage ; on les détruit quand on peut ; et on s'en tient là.

Quand on saura que les mêmes maladies sont imputables aux conditions biologiques de l'être qui en est frappé, ce ne sera plus aussi simple. Il faudra travailler, *par un travail psychique*, pour discerner si la condition biologique est produite

Tout le monde admet la sporulation. Qu'est-ce donc qu'une spore, si ce n'est une granulation protoplasmique, qui s'enkyste, se sépare de la cellule mère, pour aller évoluer indépendante, et favoriser un être souvent très différent de celui dont elle faisait naguère partie ?... N'est-ce pas de l'évolution d'un grain de protoplasma qui est la tête d'un spermatozoïde, combiné avec un autre grain, qui est un noyau d'œuf, que se forment (1) un homme de génie, un imbécile... ou un académicien, lequel n'est quelquefois ni l'un ni l'autre? »

Des sorties de cette espèce ne plaisaient pas en haut lieu et J. Pelletan se vit supprimer une sub-

---

par le froid ou le chaud, l'humidité ou la sécheresse, l'inanition, l'indigestion, quelque poison, ou même quelque désordre immatériel, comme est le dérèglement des mœurs, source incontestée de plusieurs états morbides.

Quand il faudra chercher la cause vraie entre tant d'origines aussi diverses, par leur importance que par leur nature, alors, il ne sera plus possible de s'abandonner à un doux repos d'esprit.

Alors, on reconnaîtra toute l'étendue de la loi du travail opiniâtre. Quand le Créateur a imposé à l'homme déchu l'obligation de travailler jusqu'à la sueur de son front, il ne suffit pas de retenir qu'il a voulu ne pas se laisser entraver par une limite de *huit heures* ; il faut reconnaître qu'il n'a pas exempté le travail psychique et qu'il a voulu que ce travail psychique fût *persévérant, opiniâtre*.

(1) Il faut le reconnaître, le *fait* de la création d'un être nouveau, par génération sexuée, est tout ce qu'il y a de plus incontestable et aussi de plus mystérieux.

Personne n'a pénétré ce qui se passe dans cette coalescence de deux matières d'origine différente.

Personne n'a pu l'imiter.

Le Créateur s'est réservé ce domaine, qui est sien.

vention à son intéressant journal (1)... Il y a une autorité, qui fait la répartition des subventions : c'est un des nombreux fonctionnaires ministériels, qui ne devraient pas tenir compte de ce qui leur plaît ou ne leur plaît pas. C'est le cas de rappeler un mot de Korkounof (2). « L'autorité est une force qui dépend, non de la volonté de celui qui domine, mais de la conscience de celui qui se soumet. »... Et, si celui-ci, loin de se soumettre, revendique son *droit de chercher la vérité et de la dire*, il arrive que l'autorité perd sa force et son crédit... Il fallait juger si l'entreprise scientifique valait une subvention pour élucider le doute tel qu'il planait alors sur un point controversé. Le but devait être la recherche de la vérité scientifique certaine. Il n'a pas plu au fonctionnaire de tenir pour douteux le point controversé ; et la subvention fut supprimée par un véritable abus d'autorité. C'est ainsi que l'on entendait la liberté de discussion en 1885.

Notre auteur s'écriait donc en avril 1886 : « Or, certains journaux, des meilleurs et des plus sérieux, ont traité de détraqués, de ratés, de fruits secs, ou de fausses-couches, ceux qui n'admiraient pas Pasteur (3). L'adoration de M. Pasteur est devenue

(1) *L'Œuvre de Béchamp*, par le Dr Hector Grasset, Paris, 1913, p. 78.

(2) Jean Cruet, avocat à la Cour d'appel. *La vie du droit et l'impuissance des lois*, Paris, Bibliothèque de philosophie scientifique, 1920. On trouvera, dans ces 344 pages, beaucoup d'autres considérations, qui trouveraient leur place dans cette étude.

(3) Toute cette citation est de Pelletan ; elle prouve quel était le ton passionné des polémiques. On devine les mépris et les injures des discussions verbales ::

une question de patriotisme. Ceux qui n'adorent pas le fléau des lapins sont des Prussiens ! ! Et c'est un journal qui blague le patriotisme de Déroulède, qui s'abaisse à ce degré d'insanité (1). »

M. Hector Grasset ajoute : Ceux qui n'ont pas étudié le mouvement scientifique pièces en mains, ne peuvent se rendre compte de l'ignoble campagne contre ceux qui ne pensaient pas comme l'école pastorienne ; et, lorsque quelques-uns des adversaires ripostaient du tac au tac, on les traitait de blasphémateurs, calomniateurs, vendus, etc. (2). C'est une curieuse étude que celle des discussions pastoriennes, quand on la fait dans les documents au jour le jour.

M. Hector Grasset a aussi trouvé un matérialiste, Jacolliot, qui a su comprendre la théorie du microzyma, de l'atome vital, de l'élément organisé primordial, à la base de tout ce qui vit (3). Il indique une des causes du mutisme des pastoriens.

---

(1) Dans la presse, il y a eu des incompétents pour exagérer les louanges et d'autres pour remplacer les arguments par des insultes.

Quant au patriotisme, jamais personne n'a mis, en doute, celui de Béchamp qui a toujours été un patriote français instruit, ardent et avisé, sans vaine déclamation.

(2) Ce fut d'abord une coterie ; ce devint un parti, puis une sorte d'emballement, de chauvinisme.

Que de fois on a vu un mouvement d'opinion se passionner pour une théorie, comme s'il s'agissait d'une mode !

(3) Jacolliot n'est pas seulement le romancier connu du public. C'est un philosophe qui a vécu longtemps dans l'Inde et en a étudié la religion et la littérature pour les comparer avec les autres... Il avait eu l'idée d'une histoire universelle partant de la formation des mondes... et arrivant graduellement à notre

« Elle (la doctrine du microzyma) ne bat pas simplement en brèche tel ou tel système ; elle les renverse tous. C'est un monceau de ruines, dans lequel s'effondrent, pêle-même, la génération de Pouchet, la théorie du protoplasma, le système de M. Pasteur, la monère de Hœckel, le blastème de Ch. Robin, etc De pareils adversaires ne peuvent se rendre sans combat... et puis, d'ailleurs, quand un homme a donné sa mesure dans la science, quand son œuvre, dominant son siècle, est considérée, pour ainsi dire, comme une étape du progrès, vous ne pouvez point lui demander de renverser, de ses propres mains, l'édifice qu'il a élevé (1). Il est chef d'école : comment voulez-vous qu'il renie son enseignement? Des centaines de volumes ont été écrits par une pléïade de disciples sous son inspiration scientifique : comptez-vous que cette armée ne défendra pas l'œuvre du maître, pour soutenir la sienne propre?

« Allez donc dire à M. Pasteur, par exemple : votre science, votre sagacité ont touché au génie, vos admirables travaux ont rendu d'inappréciables services ; mais vous vous êtes trompé dans les conclusions que

---

époque en déroulant l'évolution de l'esprit et du progrès humain... De cette vaste œuvre, il n'est sorti que les deux volumes sur les origines de la terre et de ses habitants, où se trouve développée une conception de la théorie microzymienne.

(1) Ce qu'un matérialiste ne peut pas demander, le catholicisme l'impose aux siens. C'est un devoir de revenir de ses erreurs. On le fait volontiers, quand on sait que toute science vient de Dieu.

Quand la science est sans frein religieux, elle subit l'orgueil selon le mot biblique : *scientia inflat* ; elle ne peut revenir ni de ses illusions ni de ses erreurs.

vous avez cru pouvoir en déduire. La nature n'a pas créé primitivement des germes vivants morbides, exprès pour rendre malades les hommes et les animaux : le microbe de la fièvre typhoïde, du choléra, de la fièvre jaune, etc., n'existe pas. Ce que l'on prend pour des parasites, dans les maladies étudiées comme parasitaires, ne sont que les formes évolutives des microzymas normaux des divers centres d'organisation donnés, qui peuvent transmettre la maladie née de l'organisme sous les influences que les nosologistes savent spécifier. En fait, jamais on n'a pu communiquer une maladie caractérisée, fièvre typhoïde, variole, syphilis (1) en prenant un microbe dans l'atmosphère, ce qui est la négation même du système des parasitistes (2). Bref, le microzyma morbide est le fruit de la maladie, qui, elle, est spontanée à l'origine, et non pas, produite par un microbe donné, créé originellement morbide. »

Il est donc certain qu'en 1882, les idées du parasitisme n'accaparaient plus la totalité des domaines scientifiques. On faisait la part d'une autre notion : celle des microzymas.

En ce temps-là, d'autres difficultés avaient surgi ; elles étaient les conséquences des rencontres trop

---

(1) En spécifiant la syphilis, le matérialiste littérateur et philosophe donne la preuve qu'il n'est pas nosologiste.

Il n'est pas acceptable d'assimiler le *tréponème pâle*, ni les autres microbes incriminés dans la syphilis, avec ceux des microbes pathogènes, dont on a observé l'évolution, depuis le microzyma jusqu'au bacille ou au streptocoque.

(2) Ce mode d'argumentation peut convenir en littérature ; elle ne peut trouver place dans la critique des sciences biologiques.

directes de différentes personnalités d'un zèle entreprenant, d'une conviction profonde et d'une volonté que rien n'arrête. Dans des relations difficiles, chacun apportait l'énergique valeur de ses mérites personnels ; mais il ne paraît pas que la confiance en Dieu y ait occupé une part proportionnée à des épreuves vraiment pénibles.

Non seulement Béchamp était mis à l'index de la science officielle : mais il allait être persécuté par ceux auxquels il avait tout sacrifié (1).

A l'Institut catholique de Lille, Béchamp devint un *impedimentum* (2).

N'étant pas du côté du plus fort, il n'est plus bon à rien, puisqu'il ne balance plus la science officielle. Pasteur est de l'Institut, de l'Académie Française, refuge des cardinaux et des réactionnaires (3). Son influence est grande à l'Institut catholique de Lille.

Après cette assertion, d'ailleurs dénuée de fondement, M. Hector Grasset fait allusion à ce qu'ont pu dire ou écrire certains matérialistes et évolutionnistes, qui ont reconnu la vérité des bases scientifiques de la doctrine du microzyma. Il n'en fallait pas tant, ajoute-t-il, pour essayer l'élimination du gêneur.

On l'accusa de matérialisme.

Pour juger la question, le critique relate un pas-

(1) C'est l'expression dont se sert le Dr Hector Grasset dans *l'Œuvre de Béchamp*, Paris, 1913, p. 80.

(2) C'est inexact. Qu'il fut une cause de difficultés, il se peut ; mais qu'il devint un *impedimentum* : non... ! M. H. Grasset reconnaissait lui-même qu'en présence des obstacles d'ordre administratif, Béchamp s'est tenu à l'écart ; il n'a rien entravé.

(3) L'appréciation est, pour le moins, étrange ; mais elle dénote la tournure de l'esprit de M. Hector Grasset.

sage d'une lettre que Béchamp lui écrivit le 11 mai 1900. « J'ai combattu le système évolutionniste et j'ai admis la création de la matière *ex nihilo* (1). En admettant la création de la matière *ex nihilo* et en combattant l'évolutionnisme comme je l'ai fait, j'ai été logique aussi; car Celui (2) qui a pu créer la matière a dû savoir s'en servir. *S'en servir* pour faire *quelque chose* que nous sommes bien obligés de distinguer *comme vivant* ; et il n'y a pas eu évolution, mais nouvelle création, qui subsiste et se perpétue... »

Ce témoignage direct, donné en 1900 par Béchamp n'a pas arrêté M. le Dr Hector Grasset pour écrire : « Je ne connais rien des faits qui se sont passés à l'Institut catholique de Lille. Personne n'a voulu me renseigner (3) ».

Sur la doctrine de Béchamp, il n'y a aucun doute ; car il l'a professée publiquement et loyalement ; et il n'en a jamais varié.

D'autres en ont témoigné avec compétence et

(1) « Vous vous proclamez matérialiste et évolutionniste, et cela est logique ; je n'y trouve rien à redire. Si la matière existe par elle-même, l'évolutionisme et le transformisme sont fatals. » (Lettre d'A. Béchamp à M. le Dr Hector Grasset, 11 mai 1900, *loc. cit.*, 1913, p. 80-81).

(2) Béchamp a l'attention de se servir d'une majuscule pour désigner le Créateur de toutes les choses visibles et invisibles.

(3) *Loc. cit.*, p. 82. Chacun éprouve une profonde tristesse à se rémémorer l'amertume des situations, qui ont commencé par des divergences d'idées, pour être envenimées par des différences de caractères, qui étaient également sincères dans leurs controverses. Celles-ci ont abouti à des ruptures, qui ont été douloureuses.

autorité, au premier rang desquels se trouve Mgr de Cabrières, évêque de Montpellier (1), de qui la lettre a eu un juste retentissement.

« Montpellier, 8 février 1876. Monsieur le Professeur, je reçois et je vous remercie de m'envoyer les trois opuscules, dont vous voulez bien m'offrir la lecture. J'avais déjà remarqué, dans l'*Univers*, la leçon que vous avez faite et publiée sur *l'origine et l'essence de la matière.* J'avais approuvé votre exposition si savante et si claire ; j'avais suivi vos patientes analyses, et j'avais admiré par quel rigoureux enchaînement de déductions et d'observations vous avez conduit vos auditeurs et vos lecteurs jusqu'au moment où l'observation n'est plus possible, et où la seule déduction raisonnable est celle que vous proposez courageusement et chrétiennement : la création *ex nihilo.*

« Vous avez bien fait de communiquer au public le fruit de vos laborieuses recherches. Vous n'êtes point de ceux qui avancent au delà de ce qu'ils peuvent prouver ; et vos conclusions sont certaines parce que toutes vos prémisses sont sûres.

« J'ai pu jeter déjà un rapide coup d'œil sur votre éloge de Chaptal et sur votre mémoire relatif à la *circulation du carbone.* Dans l'un et dans l'autre de ces travaux, je vous ai vu fidèle à vous-même et fidèle à Dieu, que vous n'oubliez jamais.

« Permettez-moi, cher monsieur le Professeur, de souhaiter à la jeunesse de nos Facultés d'être toujours enseignée conformément à vos principes et par

---

(1) Depuis cardinal.

des hommes qui traitent les questions philosophiques avec la gravité, la sérénité et l'élévation de sentiments sans lesquels il peut bien y avoir de la réclame, mais pas de philosophie.

« Je suis, monsieur, avec admiration et respect, votre très dévoué et affectionné serviteur (signé) † Fr. M. Anatole, évêque de Montpellier. »

Un aussi précieux témoignage a de l'importance, puisque M. H. Grasset cite les passages d'une lettre envoyée par Béchamp au Dr Vittaut, au sujet d'une publication de celui-ci intitulée : *Question scientifico-religieuse* (1). « Pour rendre hommage à la vérité, permettez-moi de vous dire aussi que j'ai connu des matérialistes et de ceux qui se disent athées, qui étaient pleins de droiture et d'honnêteté ; et que, dans le même temps, j'ai connu à l'Université catholique de Lille des cardinaux (2), des archevêques, des évêques, des prêtres et des catholiques laïques qui étaient à la fois sans droiture et sans honnêteté. Et si, malgré leurs méfaits, dont j'ai été victime, je suis resté fidèle à Jésus, c'est que je me suis souvenu que les pharisiens se sont assis sur la chaire de Moïse ; et que, parmi les douze, il y avait Judas (3) !

---

(1) Cette publication m'est inconnue, ajoute M. le Dr Hector Grasset (p. 82). Béchamp me l'avait envoyée avec la copie de cette lettre. Je n'ai pas reçu la brochure.

(2) Ce pluriel est inexact. Il n'y a jamais eu qu'un seul cardinal pour s'occuper de l'Université catholique de Lille. C'était le cardinal Régnier, alors archevêque de Cambrai.

(3) A toutes les époques de l'histoire de l'Église, il y a eu des malheurs de ce genre ; et quand le pape Pie X a condamné

« En finissant, laissez-moi vous dire que votre assertion (1), selon laquelle j'aurais mérité d'être disgracié par les chefs de l'Université catholique de Lille, comme enseignant le matérialisme, est absolument fausse (2).

« Non, monsieur le docteur, on ne m'a « pas obligé à me retirer » ; *on m'a expulsé*, non pour cause de matérialisme, mais à cause de la dignité de ma conduite (3).

« Je n'étais pas docile (4).

« Je voulais qu'on respectât les engagements, que j'avais exigés dans l'intérêt de la Science et de l'Enseignement (5). Ils ont violé les traités ; et je leur ai fait un procès, qu'ils n'ont pas laissé plaider (6).

(25 août 1910) les Sillonnistes, ce sont bien des catholiques qui ont été ainsi frappés.

Ce qui importe, ce sont les expressions dont se sert Béchamp Il se cramponne à sa foi catholique avec l'énergie qu'il met en toutes choses ; puis il accentue sa rupture par des mots injurieux qui rendent la rupture irrémédiable.

(1) Béchamp donne lui-même un démenti à M. le Dr Vittaur.

(2) Le démenti est catégorique et sans réplique. Ceux qui ont connu Béchamp savent combien il était sincère et loyal.

(3) Béchamp met en cause le point délicat, celui qu'il considérait comme *son honneur scientifique.*

Quand on a confiance en Dieu, on sait attendre. La Providence s'en charge quelque jour.

Quand on délaisse cet appui céleste, on défend soi-même son honneur ; et on se trouve entraîné par toutes les passions de l'humaine nature.

(4) Il manquait surtout de souplesse.

(5) Béchamp écrit la Science et l'Enseignement avec des majuscules comme s'il voulait faire comprendre quel est son idéal ; comme s'il voulait indiquer d'où il prend son inspiration.

(6)Une transaction a été le moyen d'éviter le procès Béchamp.

« Il y a pourtant un peu de vrai dans votre fable. Pasteur voulait faire croire, qu'en tenant le microzyma pour anatomiquement vivant (lors qu'il n'eut pas réussi à s'en faire attribuer la découverte), j'étais matérialiste.

« Mais il y a mieux. C'est vous-même, dans une certaine lettre, que vous m'écriviez après un dîner à Passy, qui avez imaginé la fable (1), me disant que les *croyants* étaient de votre avis.

« Je n'ai donc pas été surpris que, peu de temps après, la *Gazette de France* enfourchât le même dada, et que, en même temps, un méchant prêtre, qu'on avait fait recteur de l'Université catholique et monseigneurisé, ait essayé de nommer une commission (2) de théologiens pour faire mettre le livre des microzymas à l'Index.

« Ah ! si nous avions été au temps de Galilée, de Savonarole et surtout de Jeanne d'Arc, comme le méchant monsignor (3) aurait bâti là-dessus un joli procès d'hérésie, qui m'aurait conduit au bûcher !

« Je finis là-dessus, en vous donnant quand même la main, mais en priant Dieu de vous inspirer le désir

---

(1) Il faut reconnaître que, sous une forme parlementaire, Béchamp est cruel pour son correspondant. Quelqu'un qui *imagine une fable* est bien proche de celui qui dit une contre-vérité ; il ne diffère pas de celui qui profère *un mensonge*.

(2) Béchamp ne paraît pas savoir que, dans les milieux ecclésiastiques, on ne procède pas de cette façon. Il y a une procédure établie, et elle est toute autre. Le recteur de Lille n'a rien fait de ce genre.

(3) L'expression est révélatrice d'un dépit connu par des incidents antérieurs.

de mieux connaître avant de condamner (signé) A. Béchamp. »

Cette lettre n'est point datée. Elle pourrait bien être assez proche de février 1888, alors que J. Béchamp intentait un procès à l'Université catholique devant le tribunal civil.

Me Gustave Théry a plaidé au nom de la Société anonyme de l'Institut catholique de Lille. « Accueilli avec enthousiasme dès son arrivée, M. Antoine Béchamp ne tarda pas à causer une désillusion générale.

« En 1877, il commence ses incartades. A propos d'un article de la *Semaine religieuse*, publication à laquelle l'Université est absolument étrangère, il écrivit au recteur une lettre, dans laquelle, au sujet d'un incident puéril, il trouve moyen de donner carrière à toute la violence d'un caractère faussé par un orgueil démesuré (1).

---

(1) Il ne faut jamais perdre de vue que l'orgueil est l'écueil pour tous les scientifiques.

Pour remettre le savant en équilibre, il ne suffit pas des formes religieuses ; il faut atteindre l'esprit de religion ; car Dieu seul possède toute science... Il en donne ou il en inspire une parcelle à qui il veut, quand il veut, et dans la mesure, dont sa sagesse est seule juge.

Pour échapper à l'orgueil, l'esprit humain ne doit jamais oublier qu'il est exposé à l'erreur, tandis que Dieu est vérité...

Or Dieu est Tout-puissant ; et il souffle où il veut. L'être humain, qui reçoit ce souffle de vérité, n'est qu'un intermédiaire pour dire ce qui est vrai, en matière de science comme ailleurs.

Pour le scientifique, « il ne s'agit pas de nier ou d'affirmer, mais de constater. »

Le premier et le dernier mot de la méthode scientifique, c'est

« Il prétendit, sans avoir égard à aucune considération, se faire une petite Faculté, à lui tout seul ; et, ses collègues n'ayant pas consenti à s'annihiler complètement devant lui, il refusa de remplir ses fonctions de doyen, ce qui ne l'empêcha pas d'en conserver le traitement.

« Il organisa son enseignement comme il lui plut et sans tenir compte des avis de l'autorité académique (1).

« De plus, il le prenait de haut en toute occasion, affirmant qu'il ne reconnaissait à personne la moindre compétence en face de lui (2). Quand on lui opposait la nécessité d'un enseignement mieux adapté aux programmes (3) : « Je ne suis pas préparateur

---

d'accepter les faits comme ils sont. La science décompose les faits bruts ; elle ne les déforme pas. » (Jean Cruet, *La vie du droit et l'impuissance des lois*, Paris, 1920, p. 9-10.)

Il est faux de prétendre que la science est *créatrice*. Il est juste que le scientifique accomplisse en toute *humilité* la fonction que le Créateur daigne lui déléguer pour faire connaître une vérité scientifique.

(1) Cet abus n'est que trop réel, mais il ne faut pas perdre de vue qu'il est séculaire ; et qu'actuellement encore, il est toléré dans toutes les Universités et dans tous les pays du monde.

(2) Sur la doctrine des microzymas, c'était exact, puisque tant d'autres en dissertaient sans y avoir rien compris.

(3) A cette époque (1888), le P. C. N. (certificat d'études physiques, chimiques et naturelles) n'existait pas à la Faculté des sciences. C'est à la Faculté de médecine qu'on donnait l'enseignement des sciences dites accessoires de la médecine ; et ce devait être complet en une seule année.

Il le fallait, puisque, dès les premiers jours de la seconde année, les étudiants en médecine étaient accaparés par leurs études d'anatomie, de physiologie et d'histologie.

Malheureusement, A. Béchamp faisait son cours en deux

« d'examens, répondait-il. Je fais de la science pour la « science !

« C'est ainsi que, pendant huit ans, il toucha un traitement pour des fonctions de doyen qu'il ne remplissait pas du tout, et pour un cours qu'il ne professait qu'à moitié... (1) ».

Le jugement, qui a sanctionné cette plaidoirie contre Joseph Béchamp, a été prononcé le 1er mars, en faveur de l'Université catholique.

Dès le 6 mars 1888, A. Béchamp a écrit au rédacteur en chef de l'*Univers* : « Le journal la *Vraie*

---

ans... C'est le premier mot de la brochure éditée (sans date) par le Comité catholique de Montpellier. « Messieurs, le cours de chimie de la Faculté se fait en deux années... » Cette leçon a été rééditée par *l'Univers* les 14 et 15 janvier 1876.

La souplesse a toujours manqué à Béchamp. Il est demeuré travailleur toujours sincère et enthousiaste ; mais il n'a su ni se conformer aux usages, ni s'adapter aux circonstances, ni s'accommoder aux personnalités. Il ne tournait pas les obstacles ; il les heurtait.

(1) Le procès Joseph Béchamp contre l'Institut catholique, Tribunal de première instance de Lille, première Chambre. Audience du jeudi 16 février 1888 : M. Paul, président, MM. Tellier et Labbe, assesseurs, Ministère public : M. Dupas, substitut. Compte rendu par Albert Maron. (*La Vraie France*, Lille, 17 février 1888).

Pour compléter cette phrase de la plaidoirie, il convient d'ajouter que Béchamp n'a jamais supprimé une seule leçon ; que la durée d'une heure a été rarement observée ; qu'entraîné par l'ardeur de sa démonstration, Béchamp professait habituellement pendant une heure quinze, souvent même une heure trente, afin d'achever le développement du sujet entrepris. Les étudiants suivaient attentivement : puis ils applaudissaient.

L'enseignement de la chimie d'A. Béchamp était fait en deux ans.

France a consacré plusieurs articles au procès que mon fils, professeur de toxicologie et d'analyse chimique à la Faculté libre de médecine, a été obligé d'intenter au Conseil supérieur des évêques et à la Société civile de l'Université catholique de Lille. Je n'ai pas jugé nécessaire de relever certaines assertions de ce journal.

« Mais l'*Univers*, ayant reproduit ces articles, du moins en partie, les a accompagnés, dans le numéro du 4 mars, d'appréciations personnelles désobligeantes pour mon fils, et, d'une certaine façon, pour moi. Il m'est impossible, vous pouvez le comprendre, de ne pas vous informer que l'*Univers* a été mal renseigné, et que j'ai conseillé et approuvé (1) la détermination prise par mon fils... »

Mais n'insistons pas, écrit Albert Maron (2) ; et qu'il nous suffise d'avoir signalé un trait qui caractérise, trop exactement, hélas ! un savant estimable, quoi qu'on en dise, mais qui a lamentablement déprécié son mérite par l'extravagance de son tempérament et par l'incroyable aveuglement de son orgueil.

Voici les observations émises par l'*Univers*, au sujet de la lettre qu'on a lue plus haut : « Il nous serait particulièrement pénible d'entrer en discussion avec l'ancien doyen de la Faculté de médecine de l'Institut catholique de Lille ; car nous ne saurions oublier avec quels sentiments de respectueuse

(1) A. Béchamp était présent aux audiences publiques du procès de février 1888 ; mais c'était son fils, Joseph Béchamp, qui était plaignant, puisqu'il avait intenté un procès à l'Institut catholique.

(2) *La Vraie France*, Lille, 9 mars 1888.

admiration nous étions heureux, il y a douze ans (1), de saluer sa nomination au poste éminent, dont il ne veut plus se souvenir aujourd'hui. Aussi nous bornerons-nous à lui donner acte de ce qu'il a conseillé et approuvé son fils dans le fâcheux procès intenté par M. Joseph Béchamp au Conseil supérieur des évêques et à la Société civile de l'Université catholique de Lille. Nonobstant ce conseil et cette approbation, nous persistons à croire qu'un catholique, pour qui les appels sont toujours ouverts à Rome (2), avait autre chose à faire qu'à saisir de ses griefs la juridiction devant laquelle il a, vainement d'ailleurs, essayé de faire triompher ses prétentions. — Auguste Roussel. »

On le voit, M. Béchamp père se borne à revendiquer sa part de responsabilité, — et elle est grande à la vérité — dans les désagréments sans nombre qu'a eus à subir son fils ; sur ce point, l'*Univers* a été effectivement mal renseigné, à moins qu'il n'ait agi à dessein par un effet généreusement prolongé de cette « respectueuse admiration », dont parle M. Auguste Roussel. Les débats du procès en ont appris long sur ce sujet, beaucoup plus long même que nous n'avons jugé nécessaire d'en dire. Pour le surplus, si M. A. Béchamp n'a pas cru devoir « relever certaines asser-

(1) Auguste Roussel exprimait ainsi la fidélité de la reconnaissance des catholiques, qui n'oublient pas les bienfaits d'un passé, même lointain.

C'est en juillet 1876 que sont entrés en fonctions, à Lille. M. A. Béchamp père et M. Joseph Béchamp, son fils.

(2) On le sait à Lille et dans la région, et on en use, quand il y a lieu.

tions de la *Vraie France* », c'est apparemment qu'aucune rectification (1) n'avait chance d'être rétablie avec quelque fondement. Tous ceux qui connaissent la réserve et la discrétion dont est capable l'ancien doyen de la Faculté catholique n'auront pas le moindre doute à cet égard. — Albert Maron (2).

Pour sortir d'un doute relativement aux imputations, qui ont prétendu incriminer A. Béchamp de l'erreur du matérialisme, ce n'est pas dans les passions déchaînées au prétoire qu'on trouve le calme des témoignages de sincérité ; moins encore dans les mouvements de colère des revendidations de priorité, non plus que dans les intrigues, les rivalités, les haines et les indignations des sociétés scientifiques. Rien ne peut supplanter le témoignage de l'intéressé luimême.

Le Comité catholique de Montpellier a publié, parmi d'autres (3), une brochure *Questions scientifiques ; L'origine et l'essence de la matière :* leçon à la Faculté de médecine de Montpellier, sur l'origine et l'essence de la matière dans l'état présent de la science, par Béchamp. Il est permis d'y reconnaître une profession de foi, puisqu'il s'agit d'une leçon inaugurale, où il est d'usage d'exposer ses principes scientifiques.

(1) Les juges n'aiment pas à se déjuger ; et les plaideurs consentent moins encore à reconnaître que leur procès était mal engagé, parce qu'il n'était pas soutenable.

(2) *La Vraie France*, Lille, 9 mars 1888.

(3) Cette brochure de 33 pages, sans date et sans indication d'éditeurs, a été imprimée à Montpellier, typographie de Pierre Grollier, rue du Bayle, 10. Elle porte le numéro 7, sans autre titre que : *Comité catholique de Montpellier, Questions scientifiques.*

« Deux doctrines, aussi anciennes que l'humanité, expliquent l'origine de la matière et de l'univers.

« L'une est celle des panthéistes, selon qui tout ce qui arrive est une suite nécessaire de la nature de la substance unique, dont tout ce qui existe n'est qu'une modification. Cette doctrine n'est pas celle qui découle de la science ; c'est vous dire que ce n'est pas la nôtre (1).

« Le spiritualisme donne Dieu pour père à l'univers. Dieu, selon cette doctrine, a créé la matière ; et il a créé avec elle tous les mondes, tout ce qui vit, respire et pense sur la terre. Et le verbe *créer* signifie *tirer du néant, faire de rien quelque chose.* La doctrine spiritualiste est celle de la science, non pas de la science d'hier et du premier venu, mais de la science d'aujourd'hui, des véritables savants (2).

« Un mathématicien, astronome et physicien de premier ordre ; un savant dont la critique ne se paye pas de mots, M. Hirn ; un Français-Alsacien, correspondant de l'Académie des sciences de l'Institut de France, pour venger Laplace d'un mot qu'on lui prête, a dit, en langage de mathématicien, dans un mémoire sur Saturne, ce que voici, que je vous cite textuellement : « Laplace s'est occupé de la formation des mondes, et non de la création. Entre ces deux termes, il est une différence radicale, essentielle, que le public en général n'aperçoit pas même,

(1) Alors même qu'il n'y aurait que ce texte, il suffit à prouver que Béchamp n'était pas matérialiste.

(2) Dans beaucoup d'autres occasions, A. Béchamp a exprimé, soit du mépris, soit de la répulsion pour le matérialisme.

et qu'il importerait une fois de bien faire ressortir. Les mondes n'ont pas été créés tels quels et de toute pièce : ni dans leur ensemble, ni dans leurs parties. Cette affirmation est aujourd'hui si élémentaire que je n'ai pas à m'y arrêter un instant. La *substance* dont ils sont formés a pu seule être créée, dans le sens propre du terme (c'est-à-dire tirée du néant, faite de rien). La matière, la force, l'âme humaine... ont seules pu être créées avec leurs attributs, leurs propriétés, leurs facultés. Ici-bas, l'homme certainement n'aura jamais l'idée la plus éloignée de cet acte du Créateur ; il ne peut qu'en constater la nécessité première (1) ».

« Tel est, messieurs, le langage de la science.

« Tout ce qui existe et que nous voyons ou ne voyons pas, touchons ou ne touchons pas, a été créé : la matière, la force, l'âme humaine... »

« C'est ainsi que parlent tous les grands fondateurs des sciences ; c'est ce qu'affirment d'une affirmation absolument certaine tous les grands hommes dont l'humanité s'honore. Les déclarations contraires n'ont aucune valeur scientifique. »

Par une note additionnelle, on apprend que cette leçon a été publiée par le journal l'*Univers* dans ses numéros des 14 et 15 janvier 1876. Elle était précédée d'une lettre adressée au rédacteur en chef de l'*Univers*. « Cette leçon avait été improvisée et n'était pas destinée à être publiée. Je l'ai rédigée sur mes notes et sur celles qu'un élève capable de la comprendre avait prises au cours. J'ai l'honneur de vous

(1) *Bulletin de la Société d'histoire naturelle* de Colmar (Alsace), 1871-1872, p. 439.

l'envoyer. J'ajoute ici une explication. On peut me reprocher de n'avoir pas parlé de l'*homme* de la même manière que le catéchisme, conformément à la définition dogmatique : *substance formée de l'âme et du corps*, qui est aussi rigoureusement scientifique que toutes les définitions de l'Église. Mais à cela je répondrai que je n'ai pas l'habitude de parler, dans ma chaire, le langage de mes convictions personnelles, ni celui de la théologie, que je tiens pourtant pour une science maîtresse (1). Il me suffit que ce langage soit rigoureusement celui de la science expérimentale pour que je sois certain de n'être en contradiction avec aucune des vérités de la Révélation. Si je parlais autrement, ma parole n'aurait plus la même autorité sur ceux de mes auditeurs qui ne professent pas ma croyance. J'ai pour règle de ne pas sortir de mon sujet, et de traiter les questions philosophiques avec la gravité sereine qui convient et de façon à ne blesser aucun de ceux que je suis chargé d'enseigner ou qui veulent bien venir m'entendre... A. Béchamp. »

D'autres écrits concordent avec ces affirmations ; et, quand il a connu une contestation sur ce point, Béchamp a tenu à écarter lui-même tout ce qui aurait pu rester douteux.

Jamais Béchamp n'a été matérialiste ; il n'a même pas donné de prétexte à une pareille imputation.

---

(1) On remarquera l'expression : elle caractérise explicitement l'étendue de la foi éclairée d'A. Béchamp.

Table des matières.

Pages.

2313-26. — CORBEIL. — IMPRIMERIE CRÉTÉ.

www.ingramcontent.com/pod-product-compliance
Ingram Content Group UK Ltd.
Pitfield, Milton Keynes, MK11 3LW, UK
UKHW020314180726
13839UKWH00001B/461